# 打造最强大脑

特级记忆大师
世界记忆总冠军教练
最强大脑全球脑王教练

袁文魁 /著

DEVELOP THE SUPER BRAIN

中国铁道出版社有限公司
CHINA RAILWAY PUBLISHING HOUSE CO., LTD.

**图书在版编目（CIP）数据**

打造最强大脑 / 袁文魁著 . -- 北京 ： 中国铁道出版社，2014.5（2021.6 重印）

ISBN 978-7-113-18384-4

Ⅰ . ①打… Ⅱ . ①袁… Ⅲ . ①记忆术 – 青少年读物 Ⅳ . ① B842.3-49

中国版本图书馆 CIP 数据核字（2014）第 075981 号

**书　　名：打造最强大脑**
**作　　者：**袁文魁

**责任编辑：**王晓罡
**封面设计：**纪　欣
**责任印制：**赵星辰

**出版发行：**中国铁道出版社有限公司（100054，北京市西城区右安门西街 8 号）
**印　　刷：**北京铭成印刷有限公司
**版　　次：**2014 年 5 月第 1 版　　2021 年 6 月第 19 次印刷
**开　　本：**880 mm × 1230 mm　1/32　印张：9　彩插：6　字数：200 千
**书　　号：**ISBN 978-7-113-18384-4
**定　　价：**39.00 元

记硬背”，头悬梁锥刺股，背了又忘，忘了又背，而是轻轻松松记住任何你想要记住的东西。

文科的政治、历史、地理，理科的公式、定理、概念，都有很多需要记忆的知识，英国哲学家培根说过：“一切知识，不过是记忆。”捷克教育家夸美纽斯曾感叹：“假如我们能够记得我们曾读到、听到和我们心里所曾欣赏过的一切事物，随时可以应用，那么，我们便会显得何等的有学问啊！”本书中的记忆法，将教会你如何打造最强大脑，让你可以轻松地将这些知识快速而牢固地植入你的脑海，在你需要时能够信手拈来！

对于这些我都有切身体验，我在读中学时就意识到，面对堆积如山的书本，我无法和别人拼时间，只能拼学习的效率，于是我开始研究全脑记忆法，并且运用口诀、故事、绘图、录音等各种技巧来学习，当时我的复习效率高出了同桌 4 倍以上，最终我以 590 分的成绩考取了武汉大学文学院。

在 2007 年我备考研究生时，一场记忆讲座改变了我人生的轨迹。讲座现场，108 个由学生报出来的无规律数字，老师只看了两三分钟就能倒背如流，《道德经》随便抽哪一页都可以流利背诵。我被震憾了，心想：“如果我也能拥有这么强的记忆力，考试不都是小菜一碟了？”

我学完之后进步的速度很快，两天就能将圆周率 1000 位倒背如流，一周时间就能将 5000 字的《道德经》背诵下来，训练 50 多个小时后就可以用两分钟记忆一副洗乱的扑克牌，在记忆上我找到了从未有过的自信！后来在复习专业课时，我也比其他同学快了好几倍，那种感觉棒极了！

随着对记忆法的兴趣越来越深厚，2008 年我到广州进行了几个月的秘密集训，跟随中国记忆冠军郭传威备战世界记忆力锦标赛，这是世界上最高级别的记忆赛事。每天朝九晚九的训练非常辛苦，住宿条件也非常艰苦，但这一切都抵挡不住我实现梦想的热情，我的成绩也在经历一次次瓶颈后稳步提升。10月26日，我在中东巴林获得了“世界记忆大师”称号，而截止当年，获得此荣誉的中国人仅有10人，全世界也只有60人。朋友们都开玩笑地说：“你成为了世界上亿里挑一的大脑天才啦！”

获得“世界记忆大师”称号并没有让我止步，我发现中国选手的实力离世界记忆总冠军还比较遥远，我想带领我的团队让中国成为脑力强国。

2009年，跟着我训练了3个月的王峰在伦敦取得世界第5、中国第1的名次，以31秒记忆一副扑克牌夺得单项冠军，打败了该项目前世界纪录保持者本·普里德默尔。

2010年，王峰在广州成为世界记忆力锦标赛19年来亚洲首位总冠军，打破了3项世界纪录，首次参赛的刘苏也以1小时正确记忆2180个数字破纪录，我带领的团队新增6位“世界记忆大师”！

2011年，王峰以5分钟记忆500个数字、1小时记2660个数字、听记300个英文数字的成绩，打破3项世界纪录，卫冕总冠军，刘苏和李威分别摘得亚军和季军奖杯，我们为中国首次夺得国家团队冠军奖杯，包揽了10个单项的9块金牌，这是让所有中国人自豪的时刻！

2014年，我创办文魁大脑俱乐部，带领战队再次参加世界记忆力锦标赛，新增10位国内顶尖的记忆大师，包括中国记忆总冠军郑爱强、少年组总冠军陈智强以及苏清波、李俊成等最强大脑选手。

2015年世界记忆力锦标赛，成年组中国排名第一、第二，少年组中国排名第一，儿童组世界排名第二的选手，均出自文魁大脑俱乐部，整体实力依然全国顶尖，同时还有一名新加坡籍的选手周伟隆成为“国际记忆大师”。

至2021年，我和最强大脑胡小玲带领的“文魁大脑国际战队”有近百人获得“世界记忆大师”称号，其中5位获得中国记忆总冠军，还有一些打破纪录的选手，比如胡家宝是抽象图形记忆比赛的吉尼斯世界纪录保持者。2020年，战队在中韩记忆锦标赛成为全国战队冠军，2021年在脑力奥运30周年盛典上，战队获得了“中国区最佳战队奖”。

《最强大脑》前几季选手中，武汉打造出来的有王峰、陈智强、李威、郑爱强、苏清波、李俊成、胡小玲、杨冠新、申一帆、刘会凤、胡庆文等20多位，《武汉晨报》头条报道称：江苏卫视《最强大脑》连续三年播出三季，其中武汉选手的优异表现，让武汉成为记忆法培训的热土。一方面是参与培训者日增，另一方面，全国各地的记忆大师也纷纷云集武汉，万人参与“记忆培训”的局面已然形成，有人称，武汉已成为名副其实的“记忆之都”。

这些经过专业训练的选手，不仅在比赛上硕果累累，在学习上的效果也非常惊人。“最强大脑”胡小玲是武汉大学记忆协会首批会员，从小她就对自己的记忆力不自信，在学习记忆法之后，她用一周时间就将一本四级单词书倒背如流，只通过3个多月复习，就考取了华中师范大学的研究生，之前她认为“考研”是比成为“世界记忆大师”还要难的事情。目前胡小玲是文魁大脑俱乐部“初中生全脑高效学习营”和“世界记忆大师集训营”讲师，是“文魁大脑国际战队”现任总教练。

被称为“中国最难的考试”，通过率不到10%的司法考试，武汉科技大学城市学院的张铁汉备考3个月就通过了，班上31个同学复习了8个多月都没有通过，而他备考期间还备战比赛成为了“世界记忆大师”,并且成为东方卫视《劳动最光荣》的挑战英雄!

武汉华源中学付柏宇同学，在小学三年级就学习全脑记忆法，一篇300多字的语文课文，付柏宇看两三遍就能流利背诵，读三年级时的英语水平就达到五年级的要求，他因此获得湖北省“智慧少年”的称号，如今读初一的他考试成绩是全区第一名。

内蒙古的高中生苏哲在参加完我的“大脑赋能精品班”两个月后，她妈妈给我发微信说：“孩子期中考试成绩突飞猛进，由以前的年级384名前进到年级147名，小试了袁老师传授的记忆法和思维导图，受益匪浅，在这里深表谢意！”

来自河北沧州在环卫局工作的张闯分享说：“暑期时间我用半天时间指导上初二的外甥，教他如何记忆书本上的知识，以及如何使用思维导图，他用了20分钟就记牢了各省的简称、省会和地形。昨天他的月考成绩下来了，总成绩飙升到全班第一，飞速成了学霸。我感觉太有成就感了，即使我没成记忆大师，我觉得学费花得也值了！”2018年，46岁的张闯获得了“国际记忆大师”称号，成为中国年龄最大的记忆大师。

他们都并非天才，而是因为方法改变了命运！接触记忆法10多年来，我深深地认识到，好记忆是好成绩的关键！而本书中的方法，是融合了我阅读的上百本国内外大脑开发和记忆训练书籍的精华，并且结合我多年自我训练和培训记忆冠军的经验，以及上万名中小学生的学习反馈之后，提炼出来的一套实用训练体系。

这本书更适合中小学生和初学者学习，同时也加入了世界记忆力锦标赛的秘笈，帮助你打造最强大脑，成为记忆大师。另外，通过公众号和二维码等方式，可以听到我延伸讲解的相关视频课，这样的学习效果比只看书要好得多。当然，如果你觉得这些还不够，需要面对面和我一起修炼大脑，你也可以通过微信公众号“文魁大脑”报名成为文魁大脑俱乐部的会员，你将会看到很多奇迹在你身上发生，你将会成为学习上的佼佼者，甚至登上《最强大脑》的舞台，成为下一个挑战英雄！

2021 年重新修订这本书并且第 19 次印刷之前，编辑告诉我本书已经销售 10 万册，我非常开心，也感谢读者朋友的支持！这次修订，我将书籍中的数字编码替换成 2020 年最新版，同时调整了书籍里的部分内容，我也组建了几个这本书专属的读者微信群，请添加“文魁老师”微信号：1053779654，回复“《打造最强大脑》读者群”，助理老师会邀请您入群参与读者活动。

另外，第 19 次印刷起，我将送上重磅福利，限量赠送价值千元的《清北学霸的科学记忆法》视频课，是我在 2020 年下半年录制，该课程对《打造最强大脑》是非常好的补充，请在封底勒口处扫码领取，如领取时已无名额，可添加“文魁老师”微信号：1053779654，回复“清北学霸”领取。

祝你能够拥有最强大脑，让人生变得更好美好！还等什么，让我们一起去记忆魔法的世界寻宝吧！

2021 年 5 月 1 日

第五次修改于武汉

# 目录

# 第一章 • 激发记忆的潜能

《最强大脑》上记忆超人们的惊人表现，让不少观众都开始抱怨："不看《最强大脑》，不知道自己脑子笨，人的记忆潜能到底是有多大呀？"

20 世纪最伟大的科学家爱因斯坦说："人类最伟大的发现之一，就是对大脑无限潜能的认识。"据说他这么聪明的大脑也只开发了不到 10%。美国心理学家奥托认为："在正常情况下，一个人所发挥出来的大脑能力，还不足他全部能力的 4%。即使世界上记忆力最好的人，也没有达到记忆能力的 10%。"

我多年带队参加世界记忆锦标赛，也见证了世界记忆纪录不断被刷新。曾经在 1991 年这项赛事刚刚创办时，有科学家嘲笑这个比赛完全没有意义，人类不可能在 2 分钟内记住一副扑克牌，也不可能一秒钟听记一个数字超过 20 个。然而如今，最厉害的选手可以用 13 秒记住一副扑克牌，只听一遍记住 456 个英文数字的顺序，1 小时记忆 2530 张洗乱的扑克牌，1 小时记忆 4620 个数字，真的是令人匪夷所思！

而这些记忆天才，也并非天生，他们和你不一样的不过是掌握了全脑记忆法，并且通过训练激发出了无穷的潜能，如果你也能够相信自己，并且享受训练的过程，也许你也会成为"记忆超人"！

本章我将会通过一些故事和测试，带你来了解什么是"记忆力"，帮助你克服对记忆的恐惧，了解你的记忆潜能到底有多大，以及如何开启更适合自己的记忆训练之旅。

# 第一节
## 记忆原来是这么回事

笑笑是一个疯狂的舞蹈爱好者，不管多么复杂的舞蹈，她只要看上几遍就会跳，但是妈妈总会批评她：“你学舞蹈记得这么快，怎么背单词总记不住？每次听写都不及格！”笑笑其实也花了很多工夫来记单词，但就是记不住，她也很苦恼。

英国人本·普里德默尔是世界顶尖的记忆大师，他能够在半小时记住 4140 个由 0 和 1 组成的二进制数字，能够在 1 小时记住 28 副扑克牌，然而他却经常忘记带钥匙，而且还经常叫不出朋友的名字，让人觉得不可思议。

为什么我们记住了这些，又忘掉了那些？为什么“记忆大师”有时也会成为“失忆大师”？我们先来看看，到底什么是“记忆”吧！

从通俗的角度来说，“记忆”由“记”和“忆”组成，“记”就是将我们通过眼睛、耳朵等感官接收到的信息储存在我们的大脑里，而“忆”就是在需要的时候将这些信息提取出来，听写、考试等都是“忆”的过程。

我们的大脑在储存信息的时候，有时候是在不自觉的情况下进行的，就像是电脑的“后台操作”一样，比如我们在大街上闲逛，或者随意地看一场球赛，翻一本杂志，没有人特别要求你去记住什么，我们也没有像和尚念经一样去反复读，但往往我们在不经意间能记住很多东西，比如街上的一个广告牌，球赛的经典进球，或者是杂志某篇文章的内容，科学家将这样的记忆称为“无意识记忆”，它就像是我们的呼吸一样存在着，但我们却没有太在意它的存在。

与“无意识记忆”相对的就是“有意识记忆”，比如我们平时背课文、背单词以及记住电话号码等，都是“有意识记忆”，它都有预定的记忆目的和要求，需要我们付出一番努力来记忆，并且可能还要运用一定的记忆方法，最终的结果我们可以检测和控制。“有意识记忆”符合大脑“越使用越灵活”的规律，记忆方法运用越熟练，我们“有意识记忆”的能力也会越来越好。

当然记忆还会根据对象的不同而有所差异，就像十八般武器，舞得好剑的人不一定玩得好枪。同样的道理，背课文快的不一定学武术也快。当然，会某种兵器的会比从来没有学过武术的学起其他兵器更快，同样，记忆大师们要来挑战新的记忆项目，比如《最强大脑》上挑战京剧脸谱、人物剪影、麻将牌等项目，都会比没有经过训练的普通人要快得多。

### 按照记忆的内容，大致可分为五类：

#### 1. 形象记忆

对于风景、建筑、画作等形象的记忆都属于形象记忆。英国画家斯蒂芬•威尔特谢尔被人们誉为“人体照相机”，任何景色他只要看上几分钟，就能完全凭记忆在画布上精确地复制出来。

他曾乘直升机飞过英国伦敦、意大利罗马、中国香港和日本东京等城市的上空，凭记忆能精确绘出了这些城市的航空俯瞰图，相似度竟高达 90% 以上。斯蒂芬的这种能力是因为自闭症造成的，但《最强大脑》第二季中，山东 23 岁小伙辛哲用了 1 天的时间在维多利亚港上空进行观察，用了 18 天的时间坚持完成了手工绘制，则是后天训练出来的形象记忆能力，实在让人钦佩！

### 2. 情境记忆

对亲身经历过的，有时间、地点、人物和情节的事件的记忆叫做情境记忆。世界上有一类人患有“超忆症”，他们能完美地回忆起自 10 岁起发生的一切事情，他们的大脑在自传式记忆相关的区域比较特殊，超忆症者在考试中记忆事实和数字等方面的能力并不比普通人突出。我们普通人只会对一些重大事件的情境记忆比较深刻，比如亲历大地震、洪灾和车祸等，会让我们终生难以忘怀。

### 3. 语义记忆

也叫词语、逻辑记忆，是用词语概括的各种知识的记忆，一般是比较抽象而概括的，我们在学校里学习的各门科目都以语义记忆为主，比如概念和定理等。

### 4. 情绪记忆

人在生活中产生的愉快、悲伤、绝望等情绪，都会在脑中留下映像并在一定的条件下回忆起来。情绪记忆比其他记忆保持的时间更持久，甚至会终生不忘，像习惯性的恐惧等异常症状就是在此基础上形成的。情境记忆的印象之所以深刻，也常是因为伴随着情绪记忆。鲁迅作品《祝福》里的祥林嫂，逢人便讲述自己的悲惨经历，就是在回忆情境中强化了自己的情绪记忆。

### 5. 动作记忆

对身体的运动状态的记忆，比如对舞蹈、武术、骑车、打乒乓球等动作的记忆。《最强大脑》第一季第一期的体操美女赵越穿越激光线就是属于动作记忆。动作记忆一般采取分解动作和放慢动作来记忆，同时也会辅以语义记忆，比如学太极有经典的口诀：一个西瓜圆又圆（双手在胸前作太极抱球动作），劈它一刀成两半（一只手作扶西瓜状，另一只手作刀状绵绵地向下劈），你一半来（双手左捋）他一半（右捋）……

记忆的内容不同使得不同的人存在着记忆的差异，有的人能够很好地记忆课本上的定理、公式，有的人则很快能够记住跳舞的舞步，还有些人对于过去发生的往事记得一清二楚，另一些人对于看过的照片过目不忘，所以我们无法从这个层面上简单地来比较“好的”或“差的”的记忆力。

我们主要是帮助中小学生提升学习中的记忆力，所以主要讲解的是语义记忆的技巧，但我们可以将其他方面记忆的特长用于语义记忆。比如记忆大师们就擅长把语义记忆转化成脑海里的小电影，这就是“形象记忆”和“情境记忆”，并且自己还会身临其境地感受喜怒哀乐，这就是“情绪记忆”。另外，还可以将文字转化成手语或者舞蹈动作来记忆，这就是“动作记忆”，转化之后就可以达到最佳的记忆效果。

# 第二节
# 最佳记忆这样来判定

小红和小粉是同学，她们两个经常相约一起背课文，小红每次只知道死记硬背，但是她的速度非常快，当时也能够完全背出来；小粉则速度要慢很多，但她会去好好理解文章，去想象文章的意境，甚至还会花时间去画文章的结构图。虽然小红比小粉提前20分钟背完，但是第二天，小红已经忘得差不多了，而小粉则大部分都印象深刻。

我们的记忆，到底该不该追求快呢？记得快是否一定意味着忘得快呢？我们一起来看看到底如何来判定最佳记忆吧！

良好的记忆品质包括记忆的“四性”：敏捷性、牢固性、准确性和备用性。

### 1. 敏捷性

记忆的敏捷性是指在一定时间内所记住的对象的数量多，换句话说，就是记得快。以记忆历史年代为例，世界记忆力锦标赛上，德国的约翰·马劳可以在5分钟内记住130个历史事件的年份，以这样的速度来背高中课本后面的历史年表，恐怕用不了一上午就可以滚瓜烂熟吧！对于“最强大脑”而言，快也是必不可少的，在《最强大脑》第二季中德对抗赛上，王峰与快速扑克世界纪录保持者西蒙巅峰对决，比的就是争分夺秒，最终王峰以 19.80 秒全对的成绩，现场创造了新的世界纪录，这也是人类历史上第一次在公开场合突破到 20 秒以内，这体现的就是记忆的敏捷性。

### 2. 牢固性

记忆的牢固性也称记忆的持久性，是对记忆的巩固程度而言的，就是指长久不易遗忘。只是记得快，但记忆不牢固、不持久，也不是高效记忆。通过记忆法对材料进行深度加工，并按规律进行重复是使知识牢固的技巧。《最强大脑》第二季中，中国记忆精英战队选手“超级辨脸王”李威抱病对战“美国最年轻记忆大师”Johnny，他们利用两天时间来观察 1900 头奶牛，并要记住所有奶牛的所有花纹和耳标号，在现场挑战时李威能够百分百准确回答出来，就是因为记得非常牢固，才为中国赢得了荣誉！

### 3. 准确性

记忆的准确性是指回忆或者辨认识记材料时，能忠实地保持原来的面貌，没有歪曲、遗漏、增添和臆想。语文考试里出现搞笑的古诗填空，就是记得不准造成的，比如：__________，为伊消得人憔悴。有同学回答：宽衣解带终不悔。其实正确的答案为“衣带渐宽终不悔”。还有很多大学生对于小学时学的单词 cap，非常坚定地认为它是“杯子”的意思，其实它的意思是“帽子”。要想记忆准确，第一次记忆就要记准，而且在遗忘的过程中，要及时复习修正我们的记忆。

### 4. 备用性

记忆的备用性是指随时都能迅速地提取记忆中贮存的知识，包括在紧张情绪和疲劳状态下也能迅速地提取过去记住的知识。很多同学都出现过在考场上大脑空白，一出考场马上就想起来的场景，还有就是某句话或者某人的名字到了嘴边上，就是想不起来到底想说的是什么，这些都是“记忆空白”现象。如果我们能够深呼吸一口气，让自己放松下来，先做别的题目，或者想想无关的事情，也许答案会自动冒出来。

如果我们对于材料的记忆能够同时达到这四种状态，就一定是最佳的记忆吗？有一类特殊的人群就不会赞同，他们是世界上罕见的“超忆症”患者，美国 58 岁男子鲍勃・佩特莱拉能记住自己从 5 岁起每天发生的几乎任何大小事情。只要给出一个日期，他就能立即说出那天他遇到了什么人，以及做过什么，甚至当天的天气和他午餐吃的什么，他被科学家称为“人肉日历”。

鲍勃的记忆是一种无意识记忆，速度快自然不用说，准确性和备用性更是常人所无法企及的，但是他也有痛苦的事情，因为一旦有人提醒，他就会自动想到某一天的事情，甚至是那些伤心难过的事情。所以，随时提取记忆也不一定是件好事，有时候，遗忘也是一种幸福，也是减轻大脑负担的一种方式。

从学习考试的角度来说，一般符合下列两个标志，可判定为最佳记忆：(1) 记忆敏捷、牢固、准确，具有备用性；(2) 记忆不很敏捷，但牢固、准确，具有备用性。当然，如果能够达到第一条，那是最好不过的。

当然，提到“备用性”，还涉及到保持时间的长短，就不得不提记忆的三个阶段，即瞬时记忆、短时记忆、长时记忆。

瞬时记忆又叫感觉记忆，是指外界刺激以极短的时间一次呈现后，信息在感觉通道内迅速被登记并保留一瞬间的记忆，一般为几秒钟。

短时记忆是指外界刺激以极短的时间一次呈现后，保持时间在 1

分钟以内的记忆。

长时记忆是指外界刺激以极短的时间一次呈现后，保持时间在 1 分钟以上的记忆。

瞬间记忆一般通过视觉和听觉等感官，当我们反复重复时，瞬间记忆可以进入短时记忆。在经典励志电影《当幸福来敲门》里，史密斯听到招聘者报出的电话号码，因为没有纸笔记录，他反复地念叨着电话号码，并避免别人说数字干扰，直到把号码写在了纸上。这是因为瞬间记忆有时短至 1 秒，只有重复刺激，大脑才会留下痕迹。

而想要把短时记忆转化成长时记忆，则需要运用记忆法对材料进行加工，比如运用谐音的方法来对电话号码进行联想，如 18698326233 这个号码，可以谐音想到“一个八路（86）在酒吧（98）里用扇儿（32）把牛儿（62）扇到星星（33）上面。”想象这样一幅生动的画面，过几天再想想，相信你一定还记得！

关于记忆三个阶段，经常有学生家长或学生问我：“你们的记忆法是短时记忆还是长时记忆？”科学家曾经对最强大脑选手的大脑做过测试，他们在记忆时是直接将瞬间记忆转化为长时记忆，运用的方法正是本书所讲的全脑记忆法。所以我们经过训练之后可以记得很快，而且保持的时间很长。

但是，我们不应该厚此薄彼，觉得长时记忆就是好事，短时记忆就是不好，它们有不同的功能，在记忆特定的信息达到特定的记忆目标时，我们需要灵活去决定。比如，现在你收到一条短信，需要记住一次性的验证码，你只要输入成功后就可以了，这时候完全没有必要耗费脑力把它放进长时记忆。还有我们每天会看到各种东西，听到各种声音，我们也只需要瞬间记忆即可，没有必要都放入我们的长时记忆。随时随地往大脑里塞东西，短时记忆进入长时记忆的管道会“堵塞”，我们也会感觉头晕脑涨，所以有选择才是最好的，而记忆法正是让我们可以掌控大脑记忆的利器！

# 第三节
# 你的记忆力能够得几分

为什么同样是一篇课文，有人看几遍就会了，有人几天还背不下来？为什么同样是听课45分钟，有人当场就记住了知识，有的听完后大脑一片空白？不同的记忆力影响到你的学习力，进而影响到你的学习成绩，这里有一份特殊的试卷，让我们一起来测试一下，你的语义记忆的能力能够得几分？

现在你需要准备一支笔和一个计时工具，然后启动你的大脑，深呼吸几口气，放松心情，告诉自己："我的记忆力非常棒！"积极的心理暗示可以让你表现更棒哦！

## 1. 短时记忆广度测试

我们平时边听课时边记笔记，以及看完一遍书后复述里面的内容，依靠的都是短时记忆，短时记忆的容量很小，一般来说是7个单位，可以是7个无意义的音节，7个毫无关联的字、词等等。

下面两个测试分别为数字和字母，我们依次读一遍每一行的数字和字母，然后找一张纸默写出来，直到哪一行出错为止，上一行就算我们的最终成绩，接近我们的短时记忆广度。我们的短时记忆广度在哪一行，我们就得到多少分，比如在第五行，就得 5 分。

（1）数字篇

第一行：89031

第二行：928493

第三行：4902479

第四行：48297294

第五行：249341491

第六行：4421495241

第七行：81947913948

第八行：901839403820

第九行：4138913879240

第十行：16830137824023　　　　测试得分：________

（2）字母篇

第一行：CKSO

第二行：EOETI

第三行：DIELSA

第四行：DWICIEK

第五行：CHQCKDIW

第六行：DHVCDKSBU

第七行：OWPCHISBIE

第八行：QOECNSDIWOH

第九行：UVCJEKSDNDIS

第十行：CVHIEHISLDNCO　　　　测试得分：________

## 2. 知识点抢记测试

在一些重要的考试前夕，总会有很多人临时抱佛脚，挑灯夜读悬梁刺股，“临阵磨枪，不快也光”嘛。当处于压力状态时，记忆潜能还真能激发出来。接下来我们就看看你的抢记能力如何？

下面有三道百科知识和考试常见题，第一道是记忆“中国十大名茶”并按照顺序写出来，第二道题是记忆一些重要国家的首都，随机抽查国家对应的首都，或者首都对应的国家，第三道题是历史年代的记忆，记住事件所发生的年代。三道题分别有 5 分钟的记忆时间，要将自己的大脑开足马力哦，每一个空 2 分，共 60 分。

**（1）中国十大名茶**

①西湖龙井　　②洞庭碧螺春

③黄山毛峰　　④庐山云雾茶

⑤六安瓜片　　⑥君山银针

⑦信阳毛尖　　⑧武夷岩茶

⑨安溪铁观音　　⑩祁门红茶

请答题：

①＿＿＿＿＿＿＿　　②＿＿＿＿＿＿＿

③＿＿＿＿＿＿＿　　④＿＿＿＿＿＿＿

⑤＿＿＿＿＿＿＿　　⑥＿＿＿＿＿＿＿

⑦＿＿＿＿＿＿＿　　⑧＿＿＿＿＿＿＿

⑨＿＿＿＿＿＿＿　　⑩＿＿＿＿＿＿＿

测试得分：＿＿＿＿＿

（2）国家与首都

①韩国——首尔

②菲律宾——马尼拉

③马来西亚——吉隆坡

④老挝——万象

⑤柬埔寨——金边

⑥缅甸——内比都

⑦尼泊尔——加德满都

⑧巴基斯坦——伊斯兰堡

⑨伊朗——德黑兰

⑩伊拉克——巴格达

请答题：

①______——首尔

②菲律宾—— ______

③马来西亚——______

④______——万象

⑤______——金边

⑥缅甸——______

⑦尼泊尔——______

⑧巴基斯坦——______

⑨伊朗——______

⑩伊拉克——______

测试得分：_______

（3）历史年代

① 1851 年，太平天国建立。

② 1955 年，万隆会议召开。

③ 1799 年，拿破仑发动“雾月政变”。

④ 1864 年，第一国际成立。

⑤ 1882 年，德意奥三国同盟形成。

⑥ 1939 年 9 月，第二次世界大战全面爆发。

⑦ 1979 年，中美建交。

⑧ 1804 年，拿破仑称帝。

⑨ 1957 年，武汉长江大桥建成。

⑩ 1368 年，朱元璋建立明朝。

请答题：

①______年，太平天国建立。

②______年，万隆会议召开。

③______年，拿破仑发动“雾月政变”。

④______年，第一国际成立。

⑤______年，德意奥三国同盟形成。

⑥______年___月，第二次世界大战全面爆发。

⑦______年，中美建交。

⑧______年，拿破仑称帝。

⑨______年，武汉长江大桥建成。

⑩______年，朱元璋建立明朝。

测试得分：_______

## 3. 人名面孔记忆测试

这个世界上有两种特殊的病症，一种称为“脸盲症”，患者要么看不清人的脸，要么对人的脸缺乏识别能力，即使是熟人见面也形同陌路。还有一种则是另一个极端，可以记得自己见过的每一张脸，哪怕是 20 年前在地铁上擦肩而过的人，这种人患有“超忆症”。《最强大脑》上也有对面孔识别能力超强的选手，我的学生杨冠新，可以在 1770 张由韩国小姐组合成的新面孔中，挑出某一张是由哪两个面孔合成的，这一绝技让他被称为“超人老师”！《最强大脑》第二季则更加“变态”，郑爱强和李威现场挑战碎颜修复，同样的发型、妆容、唇膏颜色，30 位模特，其面孔两两合成为 435 张新面孔，等比例分割成 眼、鼻、嘴三部分，共计 1305 个破碎的合成五官。现场任意挑选 2 位模特，挑战者观察后，找出两人合成的五官，最终李威卫冕成功进入中国战队！

当然我们大部分人都很正常，但同样都会有看到熟人说不出名字的尴尬，接下来我们要来挑战一下记忆人名面孔的能力。我们的试题从 2008 年世界记忆力锦标赛的真题中挑出，只是将名字换成了中国人的，你只有 3 分钟时间来记住这 10 个陌生人的名字，然后在答卷上将他们的名字都写下来，每道题 2 分。

张蒂珍

欧阳荷媛

李兰梦

赵欣琪

朱子倩

喻敏佳

包柳馨

常国辉

马晓云

纪奎

请答题：

测试得分：________

现在我们的测试就到此结束了，算一算你目前的总分是多少吧？如果你能够得 80 分以上，说明你的记忆力还不错，不过你还有很大的记忆潜力可以开发；如果你只有不到 40 分，没关系，起码说明这本书你没有白买，跟着我一起学习吧，掌握了超强的记忆法，并进行科学有效的训练之后，相信你再做这个测试时，一定会觉得是小菜一碟了。

# 第四节 消灭影响记忆力的拦路虎

“我的年纪大了，记忆力越来越糟糕了！”“他每天抽烟喝酒，整天晕乎乎的，什么都记不住！”“我的头好痛，记什么头都好大！”我经常会听到这样的抱怨，其实这些确实都和记忆力有关。

除了遗传基因和身体的激素，我们的身体状况等很多因素都会影响我们的记忆力，为了更好地提升记忆力，我们必须了解并且消灭阻碍我们前进的拦路虎。下面我们再来做一个测试，看看哪些是阻碍你记忆提升的消极想法。

接下来，请你花几分钟的时间想想哪些因素影响了你的记忆力呢？请记住，一定要清楚地找出那些因素，把以下因素从 1 到 10 排序。（注：1 分代表最小的阻碍，10 分代表最大的阻碍。）

1. 压力：面临着来自父母和老师过重的压力，经常性地焦虑和恐慌。（ ）

2. 信心：经常性地出现想记记不住而丢丑的现象，对记忆没有信心。（ ）

3. 年龄：你的年龄的增长对记忆产生了影响。（ ）

4. 生理：你在身体或是智力方面有一些疾病，影响了你的记忆力。（ ）

5. 饮食：经常抽烟喝酒，或者吃油条、烧烤等垃圾食品和高脂肪的食物影响记忆力。（ ）

6. 动力：你对记忆东西没有动力，缺乏热情和意志力。（ ）

7. 练习：平时懒得记东西，练习记忆的时间不够。（ ）

8. 注意力：无法专心在一件事情上，注意力分散。（ ）

9. 智力：你认为自己不够聪明，导致记忆力不够好。（ ）

10. 方法：你只会死记硬背，不知道有帮助记忆的方法。（ ）

11. 想象力：使用记忆法需要想象力，你觉得想象很贫乏。（ ）

12. 环境污染：烟雾、废气、有毒重金属、核辐射、噪音导致的污染使大脑迟钝，记忆力下降。（ ）

13. 运动：平时很少参加运动，大脑昏昏沉沉导致记不住。（ ）

14. 电磁污染：经常使用电脑、手机等电子产品，电磁辐射影响记忆力。（ ）

15. 睡眠：经常熬夜或者失眠，导致很难专注记忆。（ ）

16. 习惯：有一些不好的记忆习惯，比如不及时复习。（ ）

尽管有这么多的因素会对你的记忆力产生影响，但是完全没有必要担心。年纪的增长会影响你的大脑，自身养成的习惯会影响你，将新方法付诸实践也需要时间的检验……但是这些阻碍也让我们认清该如何去努力，指明了我们改善记忆的方向，让你也能够成为记忆高手。这些题目的得分如果越低，表示阻碍你记忆力的拦路虎越少，这样我们训练记忆法的进步也越大！

## 记忆小贴士

### 吃出好记忆

吃货们有福了，我们通过巧妙饮食就可以提升记忆，一起来看看哪些食物可以让你的大脑更灵光吧。

1. 花生。花生可改善血液循环、增强记忆、延缓衰老，是名副其实的“长生果”。

2. 牛奶。它富含蛋白质、钙及大脑所必需的氨基酸。此外，它还含对神经细胞十分有益的维生素B1等元素。如果用脑过度而失眠，睡前一杯热牛奶有助入睡。

3. 鱼类。鱼类可以向大脑提供优质蛋白质和钙，淡水鱼所含的脂肪酸多为不饱和脂肪酸，能保护脑血管，对大脑细胞活动有促进作用。

4. 鸡蛋。国外研究证实，每天吃1、2只鸡蛋就可以向机体供给足够的胆碱，对保护大脑，提高记忆力大有好处。

5. 小米。平时常吃点小米粥、小米饭，将益于大脑的保健，并防止衰老。

6. 味精。常摄入一些味精，对改善智力不足及记忆力障碍有帮助。由于味精会使脑内乙酰胆碱增加，因而对神经衰弱症也有一定疗效。

7. 菠菜。菠菜中含有丰富的维生素A、C、B1和B2，是脑细胞代谢的“最佳供给者”之一。此外，它还含有大量叶绿素，也具有健脑益智作用。

8. 玉米。玉米中含水量和谷氨酸较高，能帮助促进脑细胞代谢，常吃玉米尤其是鲜玉米，具有健脑作用。

9. 菠萝。菠萝含有很多维生素C和微量元素锰，而且热量少，常吃有生津、提神的作用，有人称它是能够提高人记忆力的水果。

另外还推荐：核桃、芝麻、贝类、豆类、葡萄汁、胡萝卜、辣椒等。

# 第五节
## 这些记忆的好习惯你有吗

我们已经知道了什么阻碍了我们的记忆，再来看看哪些好的习惯会促进记忆吧。我们的大脑有自己的“脾气”，如果顺着它的“脾气”，学习起来就会事半功倍。另外，记忆心理学的研究表明，过度学习、交叉学习等可以使记忆效果更好，我们只要拥有了这些好习惯，记忆起来就会轻松很多。

以下有 18 道题目，来测测你的记忆习惯如何，请把和你情况相符的打上√号，和你情况不符的打上 × 号。通过这个测试，你会学到很多如何提高记忆效率的方法，它们都是一些简单易行的小技巧。

1. 我常常怀着一种好奇心，或非常感兴趣地去记所要记的东西。（ ）

2. 我常常将一些相似的或者有关联的知识放在一起去比较进行记忆。（ ）

3. 我会将不同性质的内容交叉着来学习，比如数学和文科的内容交叉学习。（ ）

4. 我能从众多的信息中，把真正对自己有用的东西快速、准确地挑选出来。（ ）

5. 我对记住的东西，会尽早地使它在大脑中有重现的机会，而且养成重现的习惯。（ ）

6. 我对所要记的东西，会整理成简短的文字，或者是编成一些口诀来加强记忆。（ ）

7. 我在记忆各类知识之前，都会仔细地观察和分析记忆对象，寻找记忆的方法。（ ）

8. 我能从很多的记忆对象中找出它们的规律性、共同性、特殊性。（ ）

9. 我常常借助于听、写、朗读或亲身实践来增强对大脑的刺激，以加深记忆印象。（ ）

10. 对一些无意义的东西，比如英文字母、数字等，我会把它变成有意义的东西去加以记忆。（ ）

11. 要背诵时，我常常在诵读几遍之后才开始试着背诵，然后再打开书诵读几遍，再进行试背，也就是让诵读和尝试背诵交错进行。（ ）

12. 学习时，我偏重于理解，不大重视记忆，以致有些重要的定义、结论，我能理解却记不熟。（ ）

13. 做问答题时，我常常先列出大纲或要点，同时还对列出的要点进行增删、调整，然后才下笔去写。（ ）

14. 学习比较抽象的材料时，我总是努力联系实际，或举出一些具体的例子去说明它。（ ）

15. 读书时用笔先做记号是一件很困难的事，因为我往往分不清哪些地方该划，哪些地方不该划。（ ）

16. 我能够把详细的教材写成提纲，在考试时我又能根据提纲进行发挥，写出详细的内容。（ ）

17. 我喜欢把学到的知识用来解决或解释生活中或课外活动中碰到的问题。（ ）

18. 我会把要记忆的信息录音，并且利用课余时间反复听。（ ）

评分标准：这 18 道测试题里，12、15 打 × 得 1 分，其他打√可以得 1 分，如果得分在 13 分以上，表明你的记忆习惯非常不错，如果你的得分在 8 分以下，还得继续努力喽！

关于这些习惯，我挑选一些来解析一下：

第 1 条是讲兴趣是记忆的前提，我们在记忆前可以给自己一些记忆的理由，或者通过与同学开展记忆比赛的形式，让自己对要记的东西兴趣盎然；

第 2 条是涉及的是比较记忆，相似的或者相关联的在一起，区分其异同点，可以更好地辅助记忆；

第 3 条是交叉学习，特别是文理科，使用的是大脑的不同脑区，学一个小时文科再来一个小时理科，可以换换脑子，提升学习效率。

第 4 条讲的是要学会精选记忆，结合老师讲的重难点和考点，记住关键信息，而不是胡子眉毛一把抓。

第 5 条符合“艾宾浩斯遗忘曲线”的“及时复习”的原理；

第 6 条、第 8 条、第 9 条、第 10 条分别是口诀记忆法、规律记忆法、多感官记忆法和形象记忆法。

第 13 条、第 16 条是提纲记忆法，第 14 条、第 17 条则是联系实际记忆法，学以致用才能够更加强化记忆。

第 18 条是借助录音工具辅助记忆的技巧。

如果你能够按照这些技巧去做，相当你的记忆效果会更好哦！快点试试吧！

下一章，我们先一起走近神奇的大脑，看看如何开启大脑的慧吧！

# 第二章 为你的大脑装上新系统

我们的大脑比我们可以想象的任何计算机都要复杂得多，在《大脑与思维》杂志发表的文章称，尽管最大的电脑的记忆容量是1,000,000,000,000个字节（10的12次方），人脑记忆容量的字节数则大约到10后面跟8432个0。人的大脑里有万亿个脑细胞，其中一千亿个具有记忆存储功能，而这些记忆细胞约等于千亿个40G的电脑硬盘。一个40G电脑硬盘的存储空间用文字来算的话：每分钟输入200字，连续输入365天，每天24小时，每小时60分钟，需要输入500年。

大脑是一座如此富有的宝藏，然而这些潜能到底藏在哪里呢？我们怎样挖掘自己大脑的潜能，才能够变身“最强大脑”呢？秘密就在我们被忽略的右脑里！

难道大脑还分左右？它们各自拥有怎样的特长？如何才能够将右脑的潜能发挥出来？接下来，我将带你进入神奇的大脑世界，并且帮你安上一套最新的大脑操作系统——i-Brain！如果你再运行一些“智能记忆软件”，你的大脑就会像i-Phone、i-Pad一样酷，不仅可以让你成为“最强大脑”，还可以让你成为像爱迪生和爱因斯坦那样的“创造天才”！

现在，就让我们一起探索大脑的奥秘吧！

# 第一节
# 左脑和右脑是不是双胞胎

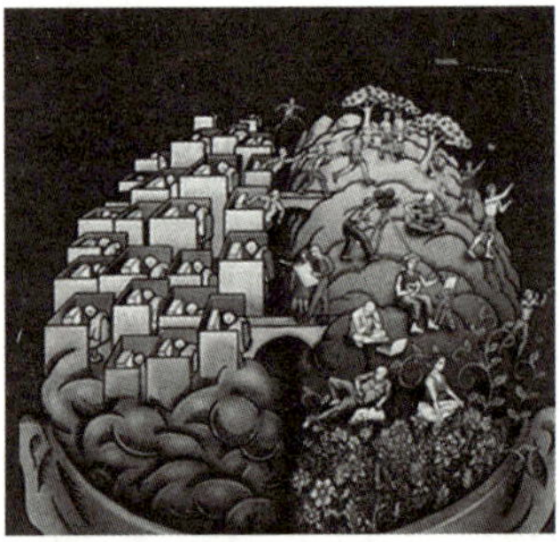

日本右脑开发专家医学博士品川嘉曾说过："如果将人的左右脑比作为人，那么，左脑就是那种循规蹈矩、缺乏情趣类型的人；而右脑则是洋溢着创作欲望、充满活力类型的人。"

我们先来一起瞧瞧这张左右脑的漫画，左脑区的人们在自己的办公区里埋头工作着，一片灰色毫无生气可言，而右脑区则是绿树成荫，百花争艳，人们的活动也是丰富多彩，阅读、绘画、打坐、弹吉他、放风筝、谈恋爱，一片怡然自乐的景像。如果让你来选择的话，你会选择在哪个脑区生活呢？

可以看到，左脑和右脑不仅不是双胞胎，而且简直是性格迥异啊，他们的分工非常明确。最先提出"左右脑分工理论"的是诺贝尔医学生理学奖获得者罗杰·斯佩里教授，他的发现掀起了一股"右脑开发"的风潮，他也被世人称之为"右脑先生"。

通过这张图我们可以发现，左半脑主要负责逻辑推理、语言

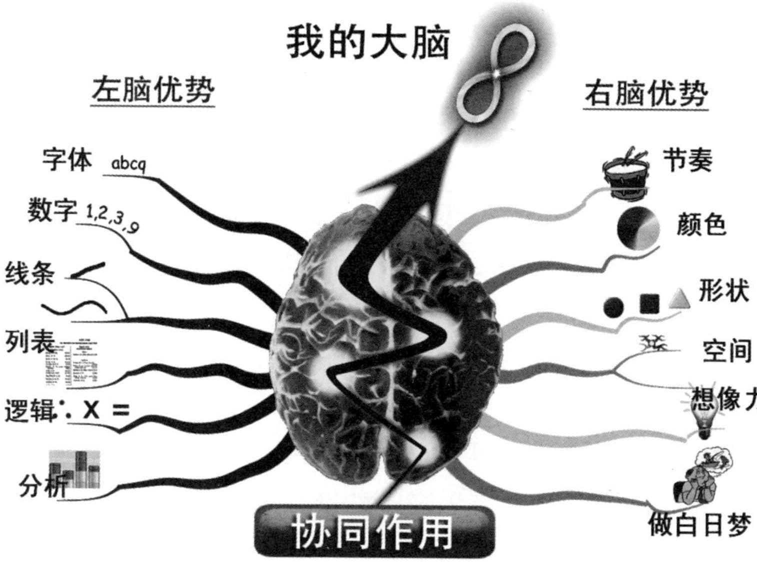


学习、分析判断、列表比较、数学计算等，思维方式具有连续性、延续性和分析性，因此左脑可以称作“意识脑”“学术脑”“语言脑”。左脑用语言来处理信息，把进入脑内看到、听到、触到、嗅到及品尝到的信息转换成语言来传达，相当费时。

右脑主要负责空间形象记忆、情感、美术、音乐节奏、想象、灵感、顿悟等，思维方式具有无序性、跳跃性、直觉性等。斯佩里教授认为右脑具有图像化机能，如策划力、创造力、想象力；与宇宙共振共鸣机能，如第六感、透视力、直觉力、灵感、梦境等；超高速自动演算机能，如心算、数学；超高速阅读，海量信息迅速记忆，具有过目不忘的本领。

法国著名生物学家拉马克指出：人的任何器官，使用的次数多了，这个器官或者组织就会进化；如果不使用或者很少使用，那么它就会退化。在人类祖先时代和幼儿时期，右脑是我们的优势脑，因为那个时候我们还不会语言，不会逻辑，不会数学，但进入到传统学校学习之后，我们大量使用的左脑得到了进化，而右脑被冷落。在现实生活中 80% 的人都是左脑比较发达的，循规蹈矩，克己复礼，缺少一些灵感和创意，缺乏一种随性与自由。科学家们指出，终其一生，大多数人只运用了大脑能力的 3% ~ 4%，其余的 97%都蕴藏在右脑的潜意识之中，这是一个多么令人吃惊和遗憾的事实！

全脑开发刻不容缓，对于学生的学习和成长帮助更大。国务院原副总理李岚清在《李岚清访谈录》里说："我们应学会全脑的使用和训练，提倡'全脑开发'，给学生提供丰富的环境刺激，发展语言的、数学的、音乐的、运动的、图像的等逻辑的和形象的思维。过去我们的教育大多注重于重复的训练、刻板的记忆和逻辑思维的培养，忽略了对学生形象思维和情感能力的培养，而这些对学生今后的成功又是至关重要的。因此我们的教育要重视人脑的全面开发，在训练逻辑思维的同时，也要训练形象思维，使大脑的潜能得到充分利用。人脑的全面开发，特别右脑开发，就是形象思维的开发、创新思维的开发和长期记忆的开发，我觉得很值得我们研究，因为长期记忆可以提高我们的学习效率。"

# 第二节
# 开启右脑最佳状态的三种法宝

我们每一天的生活其实都在使用右脑，右脑并不是一头沉睡的狮子，而是时刻伺机而动，但我们却还没有准备好去驾驭它。比如灵感就是右脑掌控的，它突然而来，却稍纵即逝，很多时候它是我们追逐着想抓却抓不住的蝴蝶，而它却又常常在不经意间停在了我们的肩头。我们应该如何开启右脑的最佳状态呢？

我们来回顾一些名人与灵感的故事，阿基米德是在洗澡时发现浮力定律的，爱因斯坦是在病床上做白日梦想到相对论的，凯库勒是在半眠半梦状态中想出苯环的结构的……他们都不是在实验室里埋头苦思出这些理论的，而是在“白日梦”“半眠半梦”，或是很放松的“洗澡”状态下灵光闪现，而这些状态就是我们所说的右脑状态，但凡是有创造力的人，都是右脑发达的人。

要想尽快让自己掌控右脑，要先了解它的脾气和喜好。情绪良好、大脑放松的时候，是右脑最活跃的时候。所以保持一种乐观的心态，学会放松，减轻压力，保证正常睡眠，多吃健脑美食，多接近大自然，尝试着学一些新的技术和知识，适当参加体育运动，多玩一些益智游戏等，都是右脑喜欢的东西。

听一段来自自然的轻音乐，画一张随心所欲的想象画，编一个充满趣味的故事，做一个从来没做过的手工，模仿某个演员进行一场表演，躺在床上做一场属于自己的白日梦，假装左撇子用左手来吃饭、刷牙、写字等，不带地图凭直觉找到目的地，这些简单的训练都会让你找到忘我的感觉，进入到一种充满成就感和幸福感的状态。

据科学研究发现，右脑的状态从脑波的角度而言是 α（阿尔法）脑波状态，当大脑处于 α 波时，有身心无比愉悦的体验，富有幽默感和幸福感，还可以帮助清除心理不正常、失眠、焦虑以及严重的紧张、压力与烦恼。在这种状态下学习效率是其他脑波状态下的数倍，人的记忆力和创造力也达到最好的状态，能够激发各种深层的潜能。

那么我们如何最快速进入最佳的脑波状态，让学习变得更加高效呢？我在这里推荐三种常用的方法。

### 1. 听 α 波音乐

前苏联科学家们发现，17 世纪或 18 世纪的作曲家们创作的某些音乐，对大脑和记忆有很强的影响，这些音乐都是根据古代音乐流传下来的特殊格式来创作的。巴洛克协奏曲每分钟 55 ~ 65 拍的行板音乐，通常用弦乐器、小提琴、曼陀林、吉它、拨弦古钢琴来创作，这种缓慢、舒适而宁静的音乐，其声音自然、高频、和谐，我们把这种音乐称为 α 波音乐，它会让放松的脑波上升 6%，使大脑清醒且放松，注意力集中，情绪稳定愉悦，记忆力提高，这正是取得优异成绩的最佳状态。

我读高中时很迷恋班德瑞，那些大自然的空灵之音让人如入世外桃源，我常常会在写作业或者背书的时候听，还将自己编的记忆口诀录音，以班德瑞为背景音乐，记忆效果比以前好了许多。我现在也会用一些按摩大脑和眼睛的仪器，里面也会播放 α 波的音乐，达到放松的效果。一般听 10–15 分钟就可以很有效。

保加利亚哲学博士、精神病学专家乔治·罗扎诺夫，于 1966 年成立了罗扎诺夫学院，作为研究“超级学习法”的中心。他主张利用节奏舒缓的音乐来刺激大脑，使音乐节奏、生理节奏（如呼吸、心跳等）与知识输入大脑的节奏协调起来，达到高效学习的目的，这种“超级学习法”在西方各国已得到广泛应用。美国的快速学习专家希拉·奥斯特兰德在《超级学习法》一书中介绍，在依阿华州立大学的测试发现，只用缓慢的巴洛克音乐，无需任何方法，就能使学习速度提高 24%，使记忆力增长 26%。

**听 α 波的音乐来辅助学习有三个注意事项：**

1. 下载优质的音乐，使用较好的播放设备，失真的效果会影响注意力。

2. 如果条件允许，不要用耳塞听，要用音响。让你的全身都沉浸在音乐之中，这样可以更好地集中注意力。

3. 如果是在学习时作为背景音乐，播放的声音能隐隐约约听到即可。

## 记忆小贴士

### 听出好记忆

这里向大家推荐一些 α 波的音乐。

1. 大自然轻音乐

班德瑞的《巴格达星星》《安妮的仙境》《世外桃源》《寂静山林》《琉璃湖畔》《梦幻之风》《清晨》《初雪》《童年》。

2. 巴洛克 60 拍音乐

（1）学习和记忆时的乐曲

莫札特 (Mozart) ：《A 大调第 29 号交响曲 》《D 大调第七号小提琴协奏曲》《 G 小调第 40 号交响曲》《A 大调第五号小提琴协奏曲》；

贝多芬 (Beethoven)：《 D 大调小提琴协奏曲》《降 E 大调第五号钢琴协奏曲》；

海顿 (Haydn)：《 F 大调第 67 号交响曲》《B 大调第 69 号交响曲》《降 B 大调第五号钢琴协奏曲》《C 大调第一号小提琴协奏曲》《G 大调第 54 号交响曲》

（2）复习功课时的乐曲

莫札特 (Mozart)：《21 号 C 大调钢琴协奏曲 K467》《A 大调单簧管协奏曲》

贝多芬 (Beethoven)：《降 E 大调第五号钢琴协奏曲》

巴哈 (Bach)：《 D 小调双小提琴协奏曲》

韦瓦第 (Vivaldi)：《 D 大调第三号长笛协奏曲》

（3）做笔记时的乐曲

巴海贝尔 (Pachelbel)：《D 大调卡农》

巴哈 (Bach)：《第三号组曲 G 弦之歌》《F 小调协奏曲第二乐章》

韦瓦第 (Vivaldi)：《 C 大调短笛协奏曲》

阿尔比诺尼 (Albinoni)《 D 小调双簧管协奏曲作品九》

## 2. 练习腹式呼吸

听音乐需要有 mp3、手机等设备，而呼吸则不用，只要有鼻子有嘴巴的都可以。虽然每天我们都在呼吸，但是基本上都是胸式呼吸，呼吸浅而快，每次吸入的空气比较少。胸式呼吸只使用到 1/3 的肺，另外 2/3 的肺都沉积着旧空气。而腹式呼吸则不一样，可以充分利用肺，而且可以增加大脑供氧。腹式呼吸可以使腹部上下鼓动，各个内脏受刺激后会发送信号给大脑，大脑进而进入到放松的 α 波状态。我们平时可以经常抽空来做一下腹式呼吸，让我们有一个健康的身体和大脑。

腹式呼吸的方法有很多，训练时可舒适地坐在椅子上，挺直后背，坐在沙发上或躺在床上也可以。尽量让身体放松，轻轻地闭上双眼，深呼吸三次，用鼻子慢慢地吸气，让腹部凸起，双肺扩张。深吸气后屏息一会儿，使自己感到气已吸足。尽量放慢速度用嘴呼气，呼气同时抬起下颏，放松面部肌肉，深深体会精神和身体松弛舒适的感觉。

然后用下述方法按次序进行练习：吸气数四下；屏气数四下；呼气数四下。吸气：1…2…3…4；屏气：1…2…3…4；呼气：1…2…3…4。重复这样的练习，直到自己慢慢放松。

需要注意的是，身体差的人，可以不屏息，但气要吸足。每天练习 1—2 次，坐式、卧式、走式、跑式皆可，练到微热微汗即可。刚开始时可能会有点生理反应，不需要惊慌，慢慢地增加训练的量，刚开始可以做 10 组，逐渐增加。

### 3. 全身放松训练

身体的放松有助于我们更好地学习，然而我们经常听别人说“放松”，但很少有人告诉我们该如何去放松。这里，我参照了美国生理学家杰布逊博士的身体松弛法，其练习要点是：让身体的各个部位用力，使其紧张，然后边呼吸边消除各部位的紧张，消除紧张的部位便有松弛的感觉。

**训练方法如下：**

首先向上伸举两手，伸展全身，全身用力，尽量挺直后背。边慢慢呼气，边放下双手，消除全身紧张。把以上的动作重复做一次。

摇头。把下颏靠近胸部，最大限度地向左侧旋转，然后向右侧旋转。再向左侧旋转，再向右侧旋转。

用轻松舒适的姿式闭上眼睛，进行深呼吸，反复三次。呼气时要感到把紧张和二氧化碳一同吐出去，使紧张离开你的身体。恢复正常呼吸，要尽量慢慢呼气，同时感觉身体松弛。

身体各部位用力。首先，脚尖和小腿的肌肉用力紧张，然后，边慢慢呼气边消除紧张，在感觉肌肉松弛的同时，请在心中默念“真舒服”，让自己达到轻松良好的心理状态。

接下来做臀部练习，请使臀部紧张，然后边慢慢呼气，边消除紧张，体会臀部肌肉松弛后心情舒畅的感觉。

使腰部和腹部肌肉紧张，边慢慢呼气，边消除紧张，体会心情舒畅的感觉。

两肩用力向后翘，使胸部和肩部以及后背肌肉紧张，请在心里默念“真舒服”，体会松弛后的感觉。

紧握双拳，令腕部紧张，用足力气，然后边慢慢呼气边消除紧张，两手自然下垂，放松。

使面部肌肉紧张，紧闭双眼，咬紧牙齿，闭上双唇，把嘴向左右两边用力扩张。然后，边轻轻呼气边消除紧张，放松面部肌肉，使口、眼周围感到非常放松。

从脚尖到头顶连续紧张，脚尖用力，紧紧弯曲。然后，从脚尖向上用力，由小腿上升到大腿，提高到臀部肌肉，使下半身肌肉全部紧张。收缩腹部，再从胸部向上到后背部用力。紧握双手，两腕用力，抬起下颏，咬紧牙齿，闭紧双眼，使全身全部紧张。

突然松懈，消除紧张，边慢慢呼气，边突然消除全身紧张，体会松弛后的愉快感受。请你把自己从头到脚检查一遍，把没有放松的部位再紧张、放松一下。充分感受到扩展到全身的轻松、舒适，请把这种愉快的心情持续下去。

如果你已感到心情愉快，那么，便可发挥潜在功能了。现在，闭上眼睛，双手紧握、放松，反复数次，清晰地感觉手的抓握动作，然后伸开，睁开眼睛。心情舒畅了，身体充满精力了。

关注公众号“袁文魁”（ID：yuanwenkui1985），在下方对话框回复“全身放松训练”，即可获得引导的音频，跟着向慧老师一起来放松。

# 第三节
# 为大脑植入超强自信芯片

在《最强大脑》的舞台上，自信心是赢得比赛的关键，稍有犹疑就可能败下阵来。在第三季中德之战中，中国队长李威挑战世界排名第一的马劳，虽然是马劳的强势项目，但李威依然自信地说："马劳是记忆界很多年难以逾越的高山，能和马劳同台对战，是我的荣誉！这是我在《最强大脑》上的第6个项目，6在中国是很吉利的数字，我相信在前面两场胜利的基础上，我可以继续取胜。"最终，李威力挽狂澜，战胜了脑力大帝！

当我们通过听音乐、呼吸以及放松训练进入最佳学习状态后，如果再辅助加上一些提升记忆信心的训练，可以达到更加不可思议的效果。下面是我们参加世界记忆力锦标赛选手常用的几种方法。

## 1. 视觉想象训练

找一个安静的环境，坐下或者躺下，然后闭上眼睛，调整好呼吸的节奏，进入想象的旅程，下面两段文字请先阅读一遍，然后用手机关注公众号“袁文魁”（ID：yuanwenkui1985），在下方对话框回复“视觉想象训练”。跟着老师的引导想象出相应的画面，这个练习可以在不同时间反复做，当我们熟悉了这些画面之后，可以不听引导直接去想象这些画面。

**视觉想象训练之一：**

想象你正站在自己的秘密花园里，这是你最放松宁静的园地，五颜六色的花朵沉浸在金色的阳光下，从碧蓝的天空中，太阳撒下柔和的光芒，从一朵花到另外一朵花，你看到许多色彩斑斓的蝴蝶正在晴空中飞舞，它们那彩色的翅膀正闪烁在阳光下。远处的鸟儿开始高歌，空气中充满了由花草树木所散发的自然香气，十分美好，令人放松。你可以听见潺潺的溪流正缓慢地流过一些小岩石，在你的花园里一切是那么的美好，宁静安详，却那么有生气和活力，你觉得好像回到了自然的家一样舒服。

**视觉想象训练之二：**

想像你来到一个一望无际的大草原，在湛蓝天空中，一朵朵白云慢慢地飘过。就在这充满明媚阳光的天空下，你一边躺在柔软而舒适的草地上，一边享受着美妙而清新的空气，和煦的阳光温暖地洒在你的身上，包围着你的全身，你感觉非常温暖舒服。远处徐徐吹来的微风，一阵阵传来还带着青草的香气，现在请你深深地吸一口气，你似乎已闻到了远处传来花儿的芳香，那沁人心脾的芳香，令你感到前所未有的轻松，感到前所未有的舒服。

现在的你就躺在这美丽辽阔的大草原上，不远的地方有一群绵羊正快乐地吃着草儿，几个放羊的牧童在调皮地嬉戏，还有远处一群美丽的骏马在满足地吃着青草。草丛中飞来几只靓丽的蝴蝶，扇动着翅膀在晴空中自由地飞舞。天的那边是红红的太阳正缓缓升起，你感到大自然的一切是那么的和谐、宁静、美好。不知不觉中，你的呼吸也变得越来越缓慢而均匀，你感到内心越来越安详，就像回到母亲的怀抱一样，无忧无虑，自由自在。

除了想象大自然的美好画面，你还可以想象自己的幸福往事，或者成功的画面，想想当时你做了什么事，说了什么话，心里感觉怎么样，想象得越具体越清晰，越可以让你变得更自信。

## 2. 积极自我暗示

在想象训练之后，我们可以将自己的愿望和目标有意识地传输给大脑，因为在这种状态之下，大脑没有判断正误的能力，只要是你输入的，它都会相信，并且在大脑中留下深刻的印象。

在我们要记忆任何东西之前，我们可以在脑海中默默告诉自己：

对我来说，过目不忘是可以轻松办到的。

我的记忆力是非常棒的！

我可以快速进入最佳记忆状态。

我能够记住任何想要记住的信息。

我记得又快、又准、又牢！

我拥有像记忆冠军一样超强的记忆力！

另外，在考试之前，念诵这样的话会提高考试效果：

我能够轻松提取我的所有记忆。

我已经清晰记住了所有知识。

我对于考试信心十足！

考试对我而言是小意思。

考试考的都是我记住的东西。

你也可以在身体健康、人际关系等方面给自己积极的暗示，也可以最简单地反复暗示一句神奇的话："每一天我都越来越好，各方面都越来越好！"

**关于自我暗示，特别注意几点：**

（1）始终要用现在时态而不是将来时态进行暗示。如，我们应该说“我现在就拥有超强的记忆力”，而不说“我将来会拥有超强的记忆力”，这并非是自欺欺人，而是因为大脑的特性和创造的规律。每件事物都是首先被人想到，然后才能够实现，那些伟大的发明不都是如此吗？

（2）要在最积极的方式中进行，肯定我们所需要的，而不是不需要的。不能说“我不再丢三落四了”，而是要说“我可以记得任何东西放在哪里”。

（3）一般来说，语句越简短，越清晰，就越有效。

（4）始终选择那些对自己感到完全合适的肯定。对一个人有效的肯定，对另一个人也许压根无效。

（5）在进行肯定时，尽可能努力创造出一种相信的感觉，一种它们已经真实存在的感觉，这样将使肯定更加有效。

### 3．改变负面记忆

如果你对自己的记忆很没有信心，一定是过去在记忆方面有太多负面记忆，比如上台背书被老师批评，被同学嘲笑，或者是家人老是批评你记忆力太糟糕，这些都会深深地铭记在你的脑海里，给你造成不良的影响。试想一下，每次我们记忆东西时，都想到这些画面和声音，我们还记得住吗？当然很难！久而久之，我们也相信自己的记忆力很糟糕。所以，我们需要改变这些负面记忆，而要改变，必须从我们脑海中的画面开始。

我们可以自己先看一遍下面的内容，然后闭上眼睛，凭记忆去做，无须担心忘掉某些内容，因为这个技巧无须完全按顺序去做。如果感觉效果不够好，可以重复再做一次。遇到有哪一个步骤自己感觉不太舒服，便取消它，继续之后的步骤。

（1）回想当时的情景，想象把所见的情景移至电视机的屏幕上。

（2）想象电视机是放在一个架子上，架子腿有轮子。把架子往左或往右推，注意哪一个方向上的哪一点使自己感到更舒服。

（3）定了左右方向和推向之后，寻找上、中、下三个位置之中自己感到最舒服的一个，把电视机放在那个位置。

（4）把电视机屏幕中的景象，由动而调慢速度，进而调为静止画面。

（5）把屏幕的颜色由鲜调淡，由淡调暗，再由暗调至黑白。

（6）在屏幕上加上雪花、跳动等，就像风雨中电视机的天线失调的效果一般。

（7）缩小电视机的屏幕，直至缩为 4 寸或以下。

（8）把电视机推远，还可以使之堕海或升空以至消失。

以上的内容，回想该事时，有则做，没有的可以不理，比如画面本来就是黑白的，就可以不用第五个步骤。针对每一点的改变，都应注意一下内心情绪感受有否改善。以在讲台上背书被嘲笑这个情景为例，我们运用上述的方法可以让记忆画面想不起来，并且情绪上不会有任何感觉，这就是记忆被删除的表现。

当然，你还可以植入新的记忆，想象自己非常流利地背出了课文，老师拍着你的肩膀说：“你的记忆力可真棒”，同学都一起来为你鼓掌，你脸上洋溢着开心和幸福的笑容，多想象几次，这样的画面便会如真实的记忆一般。我们在想象这个画面时，还可以做一个特定的动作，比如右手用力握着左手的手腕，每次做这个动作就想到这个画面，形成条件反射。以后每次在你要记忆东西时，做出动作，回想画面，就会给你很大的信心。除了这种方法，我在线下“重塑记忆赋能大脑冥想营”分享了很多技巧，在公众号“袁文魁”回复“重塑记忆”，可试听我录制的冥想。

# 第三章 · 给记忆力安上系统软件

吴天明导演的电影《百鸟朝凤》里，游天鸣拜焦老师为师学习唢呐。师傅让天鸣每天在河里用芦苇杆吸水，几个多月都没有见过唢呐，天鸣沉住气终于能够吸上来水，最终通过练习掌握了精湛的技术，成为焦老师唯一的衣钵传人。

在电影《功夫梦》里，成龙教外国小子 Parker 功夫时，让他反复练习一个看似与功夫无关的动作——脱衣服，扔在地上，捡起来，扔在架子上，穿起来，又脱掉衣服，又扔在地上。如此反反复复，却不告诉他为什么，也不教它一点儿功夫。Parker 练了几十次就觉得很无聊，心生怨气地要离开师傅："这真的很白痴，我不玩了。你知道你为什么只有一个学生了吧，因为你不懂功夫。"成龙给他演示了这个小动作里的奥秘，并告诉他："功夫就在我们的生活之中，就在我们脱外套和穿外套之中。所有的一切都是功夫。"Parker 静下心来刻苦练习，终于打败了欺负他的坏孩子并夺得了武术比赛的冠军。

对于习武而言，扎马步、蹲弓步甚至挑水、砍柴等都是基本功，记忆法也是如此，一些看似与记忆无关的训练却是至关重要的基本功，慢慢修炼到极致，自然能够练出上成的武功。

训练记忆力的基本功是什么呢?

它们就是注意力、观察力、想象力、联想力、形象转化力。

这五种能力是我们训练记忆力的基本功，也就是我们大脑新系统里装机必备的"系统软件"，我将帮大家装上这些软件，希望你能够多运用它们，让它们成为你记忆提升的有力武器!

# 第一节
## 注意力训练

英国生理学家、“试管婴儿之父”爱德华兹认为：“锻炼记忆力的良好方法是锻炼自己的注意力。”那些世界顶尖的记忆选手，无一不是注意力集中的高手，世界记忆冠军王峰在挑战快速扑克项目时，各大电视台的摄像机都对着他，他却可以心无旁骛地发挥出正常水平，就是高度集中注意力的结果。

麻省理工学院的专家研究表明：对于一些特定的物品、事件或者人类个体，并不需要全神贯注地观察，大脑中也有记忆形成。一般而言，当人类倾向于对某事物更加专注、更持久地注意时，记忆就会产生。我们平时的学习过程中，要达到高度集中的注意力，一般可以从以下几个方面着手。

（1）**选择环境**。一般在学习时选择安静的环境，室内采光要适度，不能太明亮或过于阴暗，室内的墙壁选择蓝色、绿色等冷色系，适当选择一些柔和的轻音乐。

（2）**排除分心**。桌子收拾干净，不摆放零食或者课外读物等分心的东西。墙壁不要贴一些与学习无关的东西，比如偶像明星的照片等。同时提醒父母或朋友不要在学习时突然打扰或者发出大的响声。

（3）**精力充沛。**连续的脑力劳动，会令人感到疲劳，在学习的间隙可以吃个水果，适当补充一些水分和糖分。另外也可以深呼吸、睡觉以及做一些运动，让自己的大脑重新恢复活力，采用"头悬梁，锥刺骨"的方式得不偿失。

另外，我们也可以将最重要的记忆任务安排在精力最好的时间，比如早起之后、早上8～10点、下午3～5点以及晚上8～10点，当然每个人的最佳时间不一样，可以根据自己的情况来灵活安排。

同时也要注意，我们在饭后不要去记忆，此时大脑供氧不足；剧烈活动或情绪过于激动后，也不要马上去学习，大脑会产生排斥。

（4）**目的明确。**知道自己的目标，就会将无关的东西暂时放下，活在当下，去把眼前的事情做好。

（5）**先易后难。**人们对于自己很难理解的书籍，大脑自然会出现神游状态，所以学习时的注意力也与自己的知识水平有关，我们可以从简单的开始。

（6）**增加学习兴趣。**兴趣是最好的老师，我们可以通过自我奖惩的方式来提高兴趣，比如规定自己要在15分钟内记忆完毕，如果记完就可以给自己奖励一个棒棒糖，这样就可以让学习变成一种游戏，更加有趣。

除了这以上6点必备因素，还可以通过以下方式来训练注意力：

### 1. 一点凝视训练

一点凝视训练是快速阅读中注意力训练的重要一项，我将其借用到快速记忆训练之中，通过训练可以使我们的注意力更长时

间地集中于一个目标，避免出现走神等现象。

在一张白纸上画一个圆点，坐端正之后，将白纸拿起放在眼前 20 厘米左右，用眼睛盯着圆点，在训练时自我暗示圆点慢慢变大，当练习到眼睛可以很长时间不眨地凝视它时，可以换一些更小一点的圆点继续来训练。

另外，你也可以拿着一只铅笔放在眼前 20 厘米左右来训练，盯着笔尖使它保持不出现重影的现象，看看能够坚持多长时间，每次训练时记录一下时间。

### 2．舒尔特表训练

| | | | | |
|---|---|---|---|---|
| 4 | 10 | 12 | 15 | 8 |
| 13 | 24 | 5 | 20 | 19 |
| 16 | 9 | 17 | 1 | 7 |
| 3 | 6 | 25 | 14 | 11 |
| 21 | 2 | 18 | 22 | 23 |

舒尔特表在速读训练里可以用来拓展眼睛的视野幅度，加快眼睛的反应速度，提高对有用信息的定向搜索能力，同时也需要注意力高度集中，所以也是注意力训练的一种有效工具。

你可以在手机应用商店里下载“舒尔特表格”APP，从 3×3 到 9×9 各种难度的都有，下面我以最常见的 5×5 的为例作为说明。

（1）眼睛距表 10 ～ 20 厘米，视线焦点放在表的中心，余光顾及全表；

（2）在所有数字全部清晰入目的前提下，按从 1 至 25 的顺序找全所有数字，注意不要顾此失彼，因找一个数字而对其他数字视而不见；

（3）每看完一个表，眼睛稍作休息，可以闭目或做眼保健操，不要过分疲劳；

（4）一般来说，如果能够在 25 秒内看完就比较优秀，在 15 秒内就特别优秀，每天可以训练 10 ～ 20 个表。

### 3．圈数字训练法

圈数字训练看起来非常简单，但却非常考验注意力，稍不留神就会出错。下面有 3 个训练，难度逐渐增加，平时多训练，会让注意力和反应速度显著提高，还可以提升快速搜索信息的能力。

（1）用铅笔以最快的速度把下列数字中的“7”圈出来。

（2）用黑色笔以最快的速度把“2”左边第三个数字圈出来。

（3）用蓝色笔以最快的速度把“5”右边第二个位置中的偶数圈出来。

659872315478932871326238940236478965234835795168

2121548975756215678875777522165132116412577456824

854569877545457846991633015670980461767892140115

252113244974178486522841384104547147684285356598

564101567154231045646564154689771010078971355445

# 第二节
## 观察力训练

《最强大脑》第三季“全球脑王”得主是我的学生陈智强，他在15岁就获得“国际记忆大师”和少年组中国记忆总冠军等荣誉，更是在《最强大脑》多个挑战项目中表现出超强的观察力。在“冰雪奇缘”项目中，他说他的获胜秘诀是：“我是通过观察细微纹路，同时推理大概的变化程度来完成挑战的。”而要完成“一沙一世界”的终极挑战，必须认真观察88幅沙画的每一个细节，再运用超强的记忆力记住，他只观察了1厘米×1厘米的局部图像，就成功找出了来自哪幅作品，最终如愿将脑王奖杯留在了中国！

人们认识事物都是由观察开始的，如果一个人的观察力低，那么他的记忆对象往往模糊而不确切、不突出，回忆过去感知过的事物时就常常模棱两可，记忆效果差，还会影响到智力的发展。

如果一个人生活在单调枯燥的环境中，观察机会少，就会使脑细胞处于抑制状态，大脑皮层发育较缓慢，智力显得相对落后。相反，如果一个人经常生活在丰富多彩、充满刺激的环境中，坚持经常去观察各种事物和现象，大脑皮层接受丰富刺激，经常处于兴奋活动状态，其大脑的发育就相对较好，智力也较发达。

观察力训练可以通过“找不同”和“连连看”等游戏进行训练，另外还可以通过以下几种方法来进行训练。

## 1. 照相记忆训练

**（1）物体照相记忆训练**

在家里找一样东西，比如手表、铅笔、桌子、台灯、杯子，距离约60厘米，平视前方，自然眨眼，默数60 ~ 90下，在默数的同时专心致志地仔细观察。

时间到了之后，请闭上眼睛，在脑海中勾勒出该物体的形象，应尽可能地加以详细描述，最好用文字将其特征描述出来，以手表为例，可以回答自己一些问题：它是什么颜色？它是几点钟？表上有什么图案？它是什么材质？这些问题的答案就是你观察的结果。描述完毕之后，我们再来对照一下，如果有错，我们可以再观察一遍，再描述一遍，直到将细节都在脑海中成像。

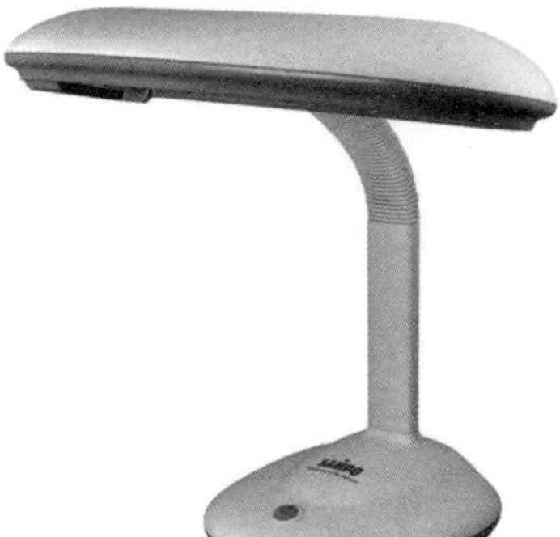

（2）名画照相记忆训练

在物体照相记忆训练练习到觉得很简单之后，我们可以拿一些名画来作为训练素材，刚开始可以挑单一的人物或者静物。以左边这幅达·芬奇的《蒙娜丽莎的微笑》为例，我们观察时可以先整体浏览，这是一个中年女人的半身像，背景是田园风光。再局部观察细节，她的五官是怎样的，发型是怎样的，衣服的颜色和款式是怎样的，手势又是怎样的，田园风光里又有些什么，在蒙娜丽莎的哪个方位。通过我们内心的自问自答，我们一步步在观察的基础上将细节记忆下来，并且可以闭上眼睛来回忆，想不起来的部分再看，然后再次回忆，反复几次即可达到最好的效果。

## 2. 人眼摄像机训练

可以在眨眼的功夫，即 1 ～ 4 秒之间，去看眼前的物品，然后回想其种类和位置；看马路上疾驶的汽车牌号，然后回想其字母、号码；看一张陌生的面孔，然后回想其特征；看路边的树、楼，然后回想其棵数、层数；看广告牌，然后回想其画面和文字。所谓“心明眼亮”，这样不仅可以有效锻炼视觉的灵敏度，锻炼视觉和大脑在瞬间强烈的注意力，而且可以使你从内到外更加聪慧。

另外，也可以以中等速度穿过房间、教室、公园等，或者绕着它们走一圈，迅速留意尽可能多的物体。回想，把你所看到的尽可能详细地说出来，最好写出来，然后对照补充。我们可以拿下面这幅图作为训练的素材。

### 3. 特定主题摄影训练

给自己某个特定的任务，比如去拍摄爱心形状的东西，你的眼睛会专注于搜索这个形状，你会发现有很多你忽略的爱心都会出现。你还可以给自己一些特别的任务，以下就是一些训练题，每个题目拍摄至少 10 张吧。

（1）成双成对的东西

（2）对称的东西

（3）带有螺旋的东西

（4）五颜六色的东西

（5）小拇指一样大小的东西

（6）特定某种颜色的东西

# 第三节
## 想象力训练

哲学家柏拉图说过："记忆好的秘诀就是根据我们想记住的各种资料来进行各种各样的想象。"《最强大脑》第一季中的7岁"心算神童"饶舜涵记住100多件玩具的价格，并且能够快速结算出30件的总价。他在接受媒体采访时称："我主要是靠想象记忆，如看到14，想象成钥匙，它的大小、形状、颜色、动态也都有了，这样我的大脑中就成了一幅幅图像，自然记得很清楚。"不仅他是如此，世界记忆大师都是靠的想象力。

想象是人在已有形象的基础上，在头脑中创造出新形象的能力。比如当你说起汽车，我马上就想象出各种各样的汽车形象来。因此，想象一般是在掌握一定的知识的基础上完成的。

爱因斯坦曾说："想象力比知识更重要。因为知识是有限的，而想象力概括世界上的一切，推动着进步，并且是知识进化的源泉。"爱因斯坦的相对论就是从想象开始的。在他年轻的时候，就曾根据自己掌握的知识，想象到如果有人追上了每秒30万公里的光速将会怎样？如果有人坐在自由下落的升降机中将会看到什么？这在当时曾被人们看作是毫无意义的想象，而爱因斯坦却紧紧追逐着自己的想象，他沉溺于自己想象里研究了十几年，终于发现了相对论，推动了现代科学技术革命性的发展。

想象力对一个人而言非常重要，但是中国的教育扼杀了很多人的想象力。不久前，教育进展国际评估组织对全球 21 个国家进行的调查显示，中国孩子的计算能力排名世界第一，想象力却排名倒数第一，创造力排名倒数第五。同时，一个权威咨询机构调查结果表明：孩子 1 岁时，想象力、创造力高达 96%，可这种情况在 7 岁上学以后发生逆转。到 10 岁时，孩子丰富的想象力、创造力只剩下 4%。所以本书的记忆法，不仅仅是传授记忆的技巧，同时也要训练想象与联想的思维，这些是创新型人才的必备素养。接下来给大家分享一些常用的训练想象力的方法。

### 1. 虚拟图画训练

在安静的房间里，虚构一幅图画，比方说你从来没有见过的东西：一只奇形怪状的鸟；一只动物，也许漂亮而奇异，也许温顺而丑陋；一幢高大的建筑，富丽堂皇而神秘难测；一片风景，古怪而富有魅力或者荒芜而贫瘠。也可以想象一下你在 2040 年的生活，那时我们的教室是怎样的，书本是怎样的，交通工具是怎样的，穿的衣服又是怎样的。不要使大脑陷入想入非非的状态，你要尽可能用意志力控制大脑的思维方向。

### 2. 音乐想象训练

听着《高山流水》《命运交响曲》等古典音乐，随着音乐的跳跃，在脑海中想象一幅幅的画面，想象自己在音乐所营造的世界里遨游。古代一些诗人有不少听音乐时作的诗，就是将抽象的音符变成形象的声音或者画面。白居易的《琵琶行》里写道："大弦嘈嘈如急雨，小弦切切如私语。嘈嘈切切错杂弹，大珠小珠落玉盘……银瓶乍破水浆迸，铁骑突出刀枪鸣。曲终收拨当心画，四弦一声如裂帛。"这里描绘琴声如"急雨"般沉重舒长，如"私语"般细促轻幽，如珠落玉盘似的圆润悦耳，让人立刻可以想象到鲜明的形象出来。

### 3．读几首想象丰富的诗词

理解诗中的每个词，把它彻底掌握之后，在脑海里栩栩如生地想象它描述的场景，注意诗中出现的每一处想象丰富奇特的地方。比如李白就是浪漫主义诗人的代表，他的诗作想象非常丰富，如《梦游天姥吟留别》中的"霓为衣兮风为马，云之君兮纷纷而来下，虎鼓瑟兮鸾回车，仙之人兮列如麻。"真是天马行空的想象，把天姥山的雄姿和幻想中的事物描写得神奇十足。岑参的诗歌也长于想象，笔落千里而怪生笔端。如"忽如一夜春风来，千树万树梨花开""一川碎石大如斗，随风满地石乱走""西头热海水如煮……蒸沙烁石然虏云，沸浪炎波煎汉月"，描写了边塞的奇异风光，想象丰富，富于浪漫气息。

### 4．回忆自己旅行过程中见过的美丽景致

在脑海里构思这样一幅图画：连绵起伏的地上铺满了厚厚的落叶，不时还有一簇一簇的灌木丛；树上的叶子五颜六色斑斑驳驳，高大的枝杈撑起郁郁葱葱的华盖，阳光从各个角度照耀下来，明亮而生动；不时有一阵风从闪闪发光的树叶中间穿过，叶子飒飒作响；整个森林除了偶然一阵微风和空阔地方传来的几声鸟啼，

四周一片静谧；松鼠敏捷地在树丛间、林地上跳来跳去；你站在那里，感到自己正站在最灿烂明朗的地方，愉快而舒展的心情油然而生，你不得不诧异于世界的繁华和精致！

现在想象一些类似的风景。这些景色让你想起了什么？你要分析这些类似的风景之间的相似性和差异性，以及它们给你留下的印象和当时的感觉。

### 5. 边看书边猜想内容

看到文章或书本的标题，就去想象其中的内容，然后与实际的内容做比较，或者是看到其中一部分就暂停一下，想象后面的故事情节。我们还可以把自己当成是影视导演，创意大师李欣频在《10堂量子创意课》里提到，如果你看《哈利·波特》第一集时，不要去急着看第二集，想象你要拍成电影，你会怎样设计魔法学校，怎么设计各种学院的制服，魔杖与魔法道具该长成什么样子，透过作者罗琳的文字，看到一幕幕栩栩如生的影像，然后再去看电影——你脑中的《哈利·波特》，与导演的版本有着怎样的差别？然后继续想：如果你要接手写第二集，里面的情节该怎么继续展开，才会引起读者新的阅读高潮？然后再去看第二集的小说，看看你与作者的差别在哪儿，可以这样一路练习到完结篇。

### 6. 看想象力丰富的影视或小说

科幻电影无疑是想象力丰富的典型，推荐《侏罗纪公园》系列、《黑客帝国》系列，《生化危机》系列，《蝙蝠侠》系列，《星际旅行》系列，《E.T.》《世界末日》《阿凡达》《地心历险记》《微光城市》《潘神的迷宫》《奇幻精灵事件簿》《魔法奇缘》。另外，《猫和老鼠》《冰河世纪》等动画片也是不错的选择。

# 第四节
## 联想力训练

记忆的一个核心原则，就是“以熟记新”，将我们需要记忆的信息与我们熟悉的进行联想，会达到更好的记忆效果。章子怡在《最强大脑》第一季挑战“宝贝进球了”时使用的记人名的方法，就是联想到自己熟悉的名字，比如“姚英镐”她联想到“姚晨”和“俞灏明”，经提示“唱歌很好的那个人的第二个字”，她又马上说出了“那英”的“英”字，“滕宏坤”她说出来是“‘滕文涛’的‘滕’，‘王力宏’的‘宏’，‘陈坤’的‘坤’”，也是使用的联想。

世间的万事万物都有着千丝万缕的联系，把在空间或时间上接近的事物，以及在性质上相似的事物和人们已有的知识经验联系起来，是增强记忆的好方法。从记忆的生理机能看，联想有助于记忆网络的形成，这样不但可以长期保持，也容易再现，所以联想为记忆插上了翅膀。古希腊人认为提高记忆力的基本原理就是：你要记住某件东西，就把它同你已知的或固定的东西联系在一起，并且要依靠你的想象力。他们还发现想要联想功夫了得，必须至少掌握以下 6 个独门秘籍。

（1）**色彩**。色彩越生动丰富，记忆效率就越高。比如在想象一只鹦鹉时，如果能够想到它色彩斑斓的羽毛，一定会记忆得更加深刻，如果你的脑海中的图像是黑白的，可以平时多看一些彩色的图像，多做一些观察和记忆训练。

（2）**立体**。就像看 3D 电影和 2D 电影一样，立体的东西比平面的更好记。

（3）**想象**。像《爱丽斯梦游仙境》一样，我们可以将要记的东西放大或者缩小，还可以设置一些荒诞离奇的情节，比如扫帚一般是用来扫地的，拿来炒菜就是比较荒诞的了，很容易就记住了。

（4）**动感**。动画片、电影比图片更好记，人更容易被动态的东西吸引。

（5）**感官**。包括视觉、听觉、触觉、味觉等，比如满天漂着蜡烛，可以听到蜡烛燃烧时发出的“吱吱”的声音，可以闻到它的味道，并且摸一摸感受一下融化的蜡烫手的感觉，这样记忆就会更加深刻。

（6）**顺序**。注意在联想过程中哪个对哪个发生动作，以及故事发生的前后顺序。

联想有不同的类型和方式，我们一起来做几个与记忆训练有关的联想练习。

### 1. 连锁联想训练

就是由甲联想到乙，由乙联想到丙，依此类推。先来做一个示范，以“柠檬”为起点来连锁联想，由它想到了“柠檬草”，然后由“柠檬草”想到了“酸”，接下来由“酸”想到了“醋”，就这样一直想下去，给自己限时 1 分钟时间，看看能够想到多少个，平时可以随机拿一些词语做这样的训练，随时随地可以进行。

训练的形式可以按照下图这样，也可以采取这样的方式：柠檬—柠檬草—酸—醋—糖醋鱼—汉江—打渔船—渔夫……

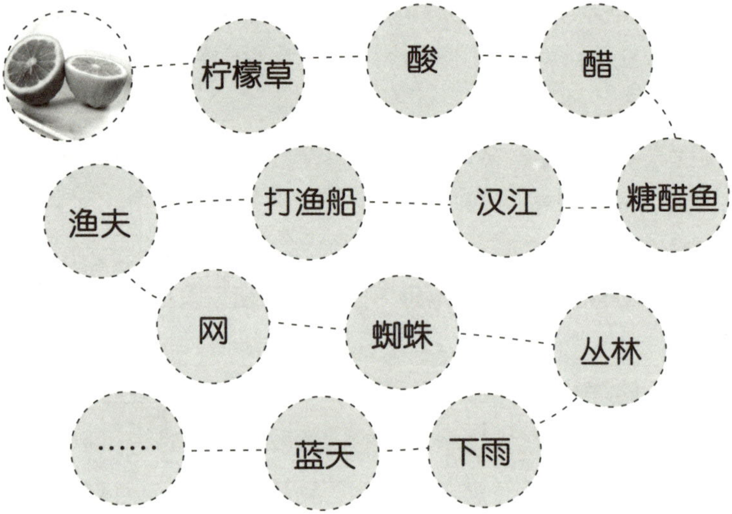


练习时间：

（1）成功

（2）核桃

（3）枕头

（4）钢琴

（5）摄影

## 2. 发散联想训练

由某样东西联想到与它相关的东西，注意它和连锁联想的区别，比如以“书”作为联想，我们可以联想到老师，接下来不是由“老师”联想到“粉笔”，而是仍然回到“书”去联想，把所有的答案都写在旁边的线条上面。比如，由“书”可以相关地想到笔、本子、课桌、电脑、纸等，也可以想到语文、历史、科学、管理等书籍类别，还可以想到智慧、文化、知识等抽象词语，甚至可以想到一些名句“书山有路勤为径，学海无涯苦作舟”，“书到用时方恨少”等。

这样的练习也以 1 分钟为时限，看看能够想到多少个，平时可以自己写词语来做训练。

**练习时间:**

（1）美丽 ______________________________

______________________________

（2）记忆 ______________________________

______________________________

（3）笔记本______

______

（4）手表______

______

（5）沙发______

______

### 3. 配对联想训练

将两个不相关的信息联想在一起的方法，比如“扫帚”和“插座”，我们可以用“主动出击法”，也就是用它本来的特征发生动作，用扫帚把插座给扫进垃圾篓里。我们也可以赋予“扫帚”一些其他的属性，比如它像一把大刀一样去劈插座，把它劈成了两半，这种方式被我称为“另显神通法”。此外，我还会用“媒婆牵线法”，也就是找一个中介，比如由“扫帚”联想到了哈利·波特，想象哈利·波特骑着扫帚飞进插座里，触电之后全身都是焦糊的味道。最后一种方法是“双剑合璧法”，把两个东西组合在一起变成一个新的东西，比如铅笔和橡皮就组合成带橡皮的铅笔。我们可以灵活运用这四种方式，你可以自己随机拿出一组词语来训练，每天做个几组，每组至少想三种，让你的大脑活起来！

**练习时间：**

（1）火车——天空

（2）吉他——柳树

（3）铅笔——石头

（4）羽毛球——盘子

（5）手机——电脑

（6）猫——望远镜

（7）拖鞋——毛巾

（8）可乐——柜子

（9）玫瑰——书

（10）咖啡——天线

# 第五节
## 形象转化训练

记忆大师们能够将数字、单词、汉字、符号等各种信息在脑海转化成形象，并且运用全脑记忆的方法将其记住。《最强大脑》第三季里李俊成挑战记忆 99 对情侣的面孔和指纹，就需要将指纹通过观察特征转化成熟悉的形象来记忆，比如有的像山峰，有的像水波等。李威在新书《最强大脑李威金牌教练袁文魁：教你轻松学习记忆法》里揭秘说，他在记忆“牛仔很忙”“雪花之谜”等项目时，都是通过观察找到特征之后再转化成比较容易记忆的形象。

形象思维是指以具体的形象或图像为思维内容的思维形态，是人的一种本能思维，人一出生就会无师自通地以形象思维方式考虑问题。形象转化训练就是运用一些技巧，将抽象信息转化成形象信息的训练。下面我们从学习中常见的几种抽象信息，即数字、字母和汉字入手，来进行形象转化的训练。

### 1. 数字的形象转化训练

数字由 0 ~ 9 随机排列组成，因为组合非常多，所以是非常抽象难记的。我们可以通过读音、形状和意义对其进行形象化转化，比如 1，我们可以由读音想到衣、腰，由形状想到油条、棍子，由意义想到金牌、第一排等，这些都是相对形象的。0 ~ 9 我们可以想起我们小时候学的儿歌来进行联想：0 像铁环滚着跑，1 像铅笔能写字，2 像鸭子水上飘，3 像耳朵听声音，4 像彩旗迎风飘，5 像秤钩来买菜，6 像豆芽咧嘴笑，7 像镰刀割青草，8 像麻花拧一道，9 像勺子来舀水。

这首儿歌以形状为主，那 10 到 99 呢？相对而言形状少一些，但也有，比如 11 像一双筷子，22 像一对鸳鸯或者双胞胎；较多的是通过声音，有的可以通过谐音的方式，比如 25 谐音为二胡；也可以通过它们发出的声音，比如火车发出了“呜呜”的声音，可以将 55 想成火车；还有一种是通过意义，用得比较多的是节日，比如 38 妇女节，61 儿童节；也可以用一些俗语和常识，比如猫传说有 9 条命，所以 09 编码为猫。当然你也可以用你熟悉的私人信息，比如你爸爸是 69 年出生的，就可以将 69 想成你爸爸，比如你的鞋码是 36 的，你可以将 36 想成是你的鞋子。

我们将数字 00 ~ 99 都编好了一套图像代码，一般是通过谐音的方式，如果通过形状或者意义等，后面的进行了注明，有些解释较长的在表下面进行了注明。在本书后面的彩页里我们提供了图片版，这些数字代码将在我们后面讲到的数字记忆里发挥重要作用，可以先熟悉一下。2021 年修订版使用的是记忆魔法师 2020 年最新的编码，大图可以在公众号“袁文魁”回复“数字编码 2020”获取，另外，回复“记忆魔法入门课”，可以听到我的视频讲解版。

## 记忆魔法师数字代码 2020 年文字版

| | | | |
|---|---|---|---|
| 01 灵药：灵芝 | 02 铃儿 | 03 三脚凳（形） | 04 零食：瓜子 |
| 05 手套（形） | 06 手枪（6 发子弹） | 07 锄头（形） | 08 溜冰鞋（8 个轮子） |
| 09 猫（9 条命） | 10 棒球（形） | 11 梯子（形） | 12 椅儿 |
| 13 医生 | 14 钥匙 | 15 鹦鹉 | 16 石榴 |
| 17 仪器：酒精灯 | 18 腰包 | 19 衣钩 | 20 按铃 |
| 21 鳄鱼 | 22 双胞胎 | 23 和尚 | 24 闹钟（1 天 24 小时） |
| 25 二胡 | 26 河流 | 27 耳机 | 28 恶霸：强盗 |
| 29 恶囚 | 30 三轮车 | 31 鲨鱼 | 32 扇儿 |
| 33 闪闪红星 | 34（凉拌）三丝 | 35 山虎 | 36 山鹿 |
| 37 山鸡 | 38 妇女（节日） | 39 三角尺 | 40 司令 |
| 41 蜥蜴 | 42 柿儿 | 43 石山 | 44 蛇（嘶嘶声） |
| 45 师傅：唐僧 | 46 饲料 | 47 司机 | 48 丝瓜 |
| 49 湿狗 | 50 奥运五环（5 个环像 0） | 51 工人（节日） | 52 鼓儿 |
| 53 武松 | 54 巫师 | 55 火车（呜呜声） | 56 蜗牛 |
| 57 武器：坦克 | 58 尾巴：松鼠 | 59 蜈蚣 | 60 榴莲 |
| 61 儿童（节日） | 62 牛儿 | 63 流沙：沙漏 | 64 螺丝 |
| 65 尿壶 | 66 溜溜球 | 67 油漆刷 | 68 喇叭 |
| 69 料酒 | 70 冰激凌 | 71 机翼：飞机 | 72 企鹅 |
| 73 花旗参 | 74 骑士 | 75 起舞：舞者 | 76 汽油桶 |
| 77 机器人 | 78 青蛙 | 79 气球 | 80 巴黎铁塔 |
| 81 白蚁 | 82 靶儿 | 83 芭蕉扇 | 84 巴士 |
| 85 宝物：元宝 | 86 背篓 | 87 白旗 | 88 爸爸 |
| 89 芭蕉 | 90 酒瓶 | 91 球衣 | 92 球儿 |
| 93 旧伞 | 94 教师 | 95 救护车 | 96 旧炉 |
| 97 酒器 | 98 球拍 | 99 脚脚 | 00 望远镜（形） |
| 0 游泳圈（形） | 1 蜡烛（形） | 2 鹅（形） | 3 耳朵（形） |
| 4 帆船（形） | 5 秤钩（形） | 6 勺子（形） | 7 镰刀（形） |
| 8 眼镜（形） | 9 口哨（形） | — | — |

注：

（1）17、80、85 谐音转化成仪器、巴黎、宝物后仍然很抽象，所以酒精灯代表仪器，巴黎的标志性建筑埃菲尔铁塔代表巴黎，金元宝代表宝物。

（2）为什么既有 01 ～ 09，又有 1 ～ 9 呢？因为有时候我们在记忆类似 1902 这样的数字时，我们可以直接用 19、02 两个数字代码来联想记忆，记忆 192 时，就可以使用 19 和 2 的代码，或者 1 和 92 的代码来进行联想记忆，所以区分开来还是比较好的。

### 2．字母的形象联想

我们以小写字母作为训练素材，看看如何将 26 个字母联想成形象的东西，方式包括形状、谐音、拼音和相近联想，同时还可以联想到相关的英语单词。比如，b 的形状像是“手机”，读音则是“笔”，按照拼音来组词可以是“波浪”，而单词则可以联想到 bee 蜜蜂。又比如，j 可以相近联想到 jj 林俊杰，u 可以相近联想到 U 盘。现在请运用你的联想力，将下面的表格完成，尽量能够填满每个格子，有的格子你也可以多填几个。

在进行五个角度的发散联想之后，我们可以为每个字母挑选一个比较典型好记的形象代码，下面是我提供的一套字母代码表，

| 字母 | 形状 | 谐音 | 拼音 | 单词 | 相近 |
|---|---|---|---|---|---|
| a | | | | | |
| b | | | | | |
| c | | | | | |
| d | | | | | |
| e | | | | | |
| f | | | | | |
| g | | | | | |
| h | | | | | |
| i | | | | | |
| j | | | | | |
| k | | | | | |
| l | | | | | |
| m | | | | | |
| n | | | | | |
| o | | | | | |
| p | | | | | |
| q | | | | | |
| r | | | | | |
| s | | | | | |
| t | | | | | |
| u | | | | | |
| v | | | | | |
| w | | | | | |
| x | | | | | |
| y | | | | | |
| z | | | | | |

在本书后面的彩页里我们提供了图片版，这些字母代码在后面的英语单词记忆章节将派上用场。

### 3．词语形象转化训练

**记忆魔法师字母代码表**

| | | | | | | | |
|---|---|---|---|---|---|---|---|
| Aa | 苹果 | Bb | 笔 | Cc | 月亮 | Dd | 弟弟 |
| Ee | 鹅 | Ff | 斧头 | Gg | 哥哥 | Hh | 椅子 |
| Ii | 蜡烛 | Jj | 钩子 | Kk | 机枪 | Ll | 棍子 |
| Mm | 麦当劳 | Nn | 门 | Oo | 鸡蛋 | Pp | 皮鞋 |
| Qq | 气球 | Rr | 小草 | Ss | 蛇 | Tt | 伞 |
| Uu | 水杯 | Vv | 漏斗 | Ww | 皇冠 | Xx | 剪刀 |
| Yy | 衣撑 | Z | 闪电 | | | | |

具体的词语很容易转化成形象，比如桔子、葡萄、桌子，我们只要见过的东西就可以想象它的形象，那么抽象词语如何变身图像呢？在此我介绍五种方法：

（1）谐音。我们小时候都会接触一些歇后语，比如：

外甥打灯笼——照旧（照舅）

雨打黄梅头——倒霉（倒梅）

老公拍扇——凄凉（妻凉）

龙王爷搬家——厉害（离海）

这四条歇后语都使用了同样的方法：谐音，将原来很抽象的“照旧”和“倒霉”等转成了形象的画面“照舅”和“倒梅”。所以正确运用谐音，是我们将抽象词语转化成形象词语的第一大法宝。

（2）**增减倒字法。**比如“信用”可以想成“信用卡”的图像，“抽象”可以想成“抽象画”“抽象函数”等，“美国”可以倒过来想到“国美”，将“国美电器”的招牌作为图像。

（3）**拆合联想。**即将词语拆成两个字，分别联想成图像之后，再通过联想的方式组合成新的图像。比如“积累”可以分别想成“积木”和“垒”，然后组合成“垒积木”的画面；“保证”可以分别想成“保安”和“证书”，组合成“保安领证书”的画面。“金融”可以想成“金子融化”，“美好”可以想成“美女吃上好佳”。

（4）**相关联想。**可以由它想到任何具体物品，可以是相近的，也可以是相反的，“历史”你可以想到历史课本、某个历史人物，也可以想成你的历史老师，或者是那个知名度挺高的袁腾飞老师。“开心”你可以想到开怀大笑的朋友、QQ 里的笑脸表情，也可以想到《开心辞典》的主持人王小丫等。

（5）**综合联想。**顾名思义，就是综合了上面的多种方法，比如“抽象”可以用拆合联想想到用鞭子抽大象，为了强化是“抽”而不是“打”，可以想象一个抽烟的人在用鞭子抽大象，这样相当于是上了“双重保险”。

这五种转化方式可以这样来记，分别提取关键字“谐”“字”“拆”“关”“综”，然后谐音成一句有意义的话：“鞋子拆观众”，想象你脱下鞋子把电影院的观众席给拆了。

接下来，我们就拿下面的这些抽象词汇开刀，来实战训练一下吧。也可以拿一本教科书或课外书，用铅笔划一些抽象的词语来做训练，对于常出现的词语可以将图像固定下来，以备以后使用。

**练习时间：**

**参考联想：**

| 词汇 | 图像 |
| --- | --- |
| 保守 | |
| 过程 | |
| 价值 | |
| 梦想 | |
| 原则 | |
| 基础 | |
| 效果 | |
| 经济 | |
| 文化 | |
| 调控 | |
| 心理 | |
| 政治 | |
| 创新 | |
| 竞争 | |
| 文明 | |
| 民主 | |
| 理论 | |
| 意识 | |
| 分配 | |
| 理想 | |
| 政策 | |
| 珍惜 | |
| 保障 | |
| 精神 | |
| 体系 | |
| 效率 | |
| 因素 | |

| 词汇 | 图像 |
| --- | --- |
| 保守 | 保安守门 |
| 过程 | 杨过吃橙子 |
| 价值 | （画）架子 |
| 梦想 | 梦想板 |
| 原则 | 圆形纸折叠 |
| 基础 | 雏鸡 |
| 效果 | 微笑的苹果 |
| 经济 | 金鸡 |
| 文化 | 闻花 |
| 调控 | 空调 |
| 心理 | 心理医生 |
| 政治 | 政治书 |
| 创新 | 乔布斯 |
| 竞争 | 田径比赛 |
| 文明 | 市容监督员 |
| 民主 | 民主投票 |
| 理论 | 吵架 |
| 意识 | 医师 |
| 分配 | 分割玉佩 |
| 理想 | 李湘 |
| 政策 | 红头文件 |
| 珍惜 | 针线 |
| 保障 | 胀饱的肚子 |
| 精神 | 精神科医生 |
| 体系 | 体育系学生 |
| 效率 | 笑的驴 |
| 因素 | 罂粟花 |

# 第四章 • 这样记忆最有效

曾经两次获得世界记忆力锦标赛总冠军的王峰，他夺冠的消息让他的高中班主任大跌眼镜，他说以前从没有发现王峰的记忆力有这么好，他的成绩在班上一直保持在 15 名左右。王峰也坦言：“我以前特别不爱记东西，哪些是一定要记的，我就逼着自己记下来，多一点儿都不想记。”

在加入武汉大学记忆协会时，他也是半信半疑：“难道记忆不是天生的吗？”但当他很快可以将圆周率 100 位和三十六计倒背如流时，他相信了：“原来记忆真的是有方法的，而且是如此有趣！”从此，他对记忆训练的热爱一发不可收拾，最终夺得冠军，并且在《最强大脑》上打败了德国冠军！

《最强大脑》第一季上的“二维码检索仪”黄金东，能够将 102 个不同的二维码和 102 个不同的电话号码对应进行记忆，而这对他而言只是小菜一碟，因为他还有很多“逆天”的才能，他还记住了《道德经》《孙子兵法》《鬼谷子》和《大学英语四六级重点难点单词》这四本书，他可以准确地告诉你，哪一页第几行写的是哪一句话或是哪一个单词。

不要以为他是天才，他曾经痴迷网游不可自拔，连大学毕业证都没有拿到，他戒不掉，只好痴迷于记忆法来“解毒”，2007 年在世界记忆力锦标赛上获封“世界记忆大师”。他直言自己以前没有练习过二维码记忆，但方法都大同小异，包括其他选手挑战的指纹、钥匙、密码锁等。

所以，这些看似来自外星的记忆天才，其实都是掌握了一套方法，而且这种方法还可以运用于各个领域。接下来，我就为你们提供几个“智能记忆软件”，让你经过训练也可以成为“最强大脑”，现在就赶紧下载安装吧！

## 第一节
## 配对联想法

不同的水量对应不同的音高，不同的密码锁图案对应着不同的手机号码，不同的价格对应着不同的玩具，在《最强大脑》上有很多项目都需要将两个信息进行配对联想，而王峰挑战的难度更高，是“瞬时多信息匹配”，什么是配对联想法？又如何去配对呢？在这里我将为你揭晓。

配对联想不仅是记忆训练的基本功，也是非常实用的一种记忆方法，各个科目都会有很多的填空题和单选题，都是两个信息要一起对应地记住，比如国家的首都、省的简称、作家的代表作等，接下来我们来看看具体的案例。

比如，中国乐器的代表曲：

二胡——《二泉映月》

古琴——《梅花三弄》

琵琶——《十面埋伏》

唢呐——《百鸟朝凤》

古筝——《高山流水》

我们需要记住各个乐器的代表曲，就可以用配对来进行联想。先看二胡和《二泉映月》，二泉实指具有“天下第二泉”之称的无锡惠山泉，如果不知道这个背景，我们可以想象瞎子阿炳在两股倒映着月光的泉水旁边拉二胡，声影孤单，声音凄厉。

古琴和《梅花三弄》，可以想象一位美女抚弄古琴，天上梅花满天飞舞。

琵琶和《十面埋伏》，可以由琵琶想到《西游记》里“四大天王”的东方持国天王多罗吒，他手拿着琵琶和其他天王布下十面埋伏，来捉拿孙悟空。

唢呐和《百鸟朝凤》，唢呐和喇叭有些类似，我们可以想象喇叭上套着一把锁，想象吹着唢呐，百鸟从四面八方飞过来，朝着凤凰跪拜。

古筝和《高山流水》，由《高山流水》想到伯牙、子期的故事就比较好记，也可以由古筝想到风筝，在高山之上飞着，落入了流水之中。

再比如，记忆国家的首都：

丹麦——哥本哈根

比利时——布鲁塞尔

西班牙——马德里

由“丹麦”我们联想到麦子，“哥本哈根”可以想成哥本来就喜欢吃哈根达斯，而且特别喜欢麦子味的。

由“比利时”联想到地图上的比例尺，印着比例尺的布被鲁迅塞进了耳朵。

由“西班牙”联想到斗牛，斗牛士坐在马拉的的士里面，伸出头拿着红布在斗牛。

**练习时间：**

（1）记忆中国四大佛寺所在的省份

①白马寺——河南省

②灵隐寺——浙江省

③大慈恩寺——陕西省

④少林寺——河南省

（2）记忆别称代表的城市

①羊城——广州

②春城——昆明

③日光城——拉萨

④禾城——嘉兴

⑤鹭城——厦门

⑥泉城——济南

⑦金城——兰州

⑧石头城——南京

⑨潭城——长沙

（3）记忆古代著名圣人

①武圣——关羽

②词圣——苏轼

③医圣——张仲景

④史圣——司马迁

⑤棋圣——黄龙士

⑥至圣——孔丘

⑦画圣——吴道子

⑧曲圣——关汉卿

⑨茶圣——陆羽

⑩酒圣——杜康

**参考联想(由武汉科技大学城市学院记忆协会会长吴立康提供):**

(1)记忆中国四大佛寺所在的省份

①由“白马寺”联想到一匹白马,“河南”可以想成河的南面。想象一匹白马跳到河的南面去了。

②由“灵隐寺”联想到百灵鸟,“浙江省”可以想成折断的长江。想象一只百灵鸟隐藏在折断的长江边上。

③由“大慈恩寺”我们联想到大慈大悲的和尚,“陕西省”由“陕”谐音想到伞,大慈大悲的和尚在雨天到处给人送伞。

④由“少林寺”我们联想到少林武僧,“河南省”可以想成河的南面。所以有:一些少林武僧在河的南面练武。

(2)记忆别称代表的城市

①由“羊城”我们联想到羊,“广州”可以想成广阔的绿洲。想象有一群羊来到广阔的绿洲吃草。

②由“春城”我们联想到春天,“昆明”可以想成昆仑山很明媚。可以这样联想:春天的昆仑山阳光很明媚。

③想象日光照射在拉萨的布达拉宫上,非常漂亮。

④由“禾城”我们联想到禾苗,“嘉兴”可以想成被嘉奖很高兴。可以这样联想:禾苗长得很好,老师嘉奖了我,我很高兴。

⑤由“鹭城”我们联想到白鹭,“厦门”可以想成大厦的门。联想到白鹭撞到一个大厦的门上。

⑥由“泉城”我们联想到泉水,“济南”可以想成救济南边受难的人。所以可以联想成:大家送来泉水救济南边受难的人。

⑦由“金城”我们联想到金子,“兰州”可以想成兰州拉面。想象我很饿的时候,用金子买了碗兰州拉面吃。

⑧由“石头城”我们联想到石头,“南京”可以想成蓝色的鲸鱼。

联想大石头堆拦住了蓝色的鲸鱼的去路，它们撞开了它。

⑨由“潭城”我们联想到水潭，“长沙”可以想成沙子。联想到一个水潭里有很多沙子。

（3）记忆古代著名圣人

①由“武圣”我们联想到练武，想象关羽在舞大刀。

②由“词圣”我们联想到词典，“苏轼”谐音为“舒适”，想象舒适地查着词典。

③由“医圣”我们联想到穿白大褂的医生，“张仲景”谐音为“长着筋”。想象医生为脖子上长着筋的人做手术。

④由“史圣”我们联想到写历史，“司马迁”谐音为“死马牵”，想象一个把死马牵在手里的史官形象。

⑤由“棋圣”我们联想到下棋，“黄龙士”可以想到身上印有黄龙的士兵。想象身上印有黄龙的士兵在下棋。

⑥由“至圣”我们联想到纸，“孔丘”就是孔子，想象孔子在纸上写论语。

⑦由“画圣”我们联想到画，“吴道子”谐音为“舞刀子”。想象我在画上舞刀子，然后画就破烂不堪了。

⑧由“曲圣”我们联想到歌曲，“关汉卿”可以想到关公喊着要亲我。想象我在唱歌曲的时候，关公喊着要亲我。

⑨由“茶圣”我们联想到茶，“陆羽”可以想成露雨，想象接露雨来泡茶。

⑩由“酒圣”我们联想到酒，“杜康”可以想成杜甫康复。想象杜甫生病康复是因为喝酒了。另外可以联想到曹操的《短歌行》里的诗句“何以解忧，唯有杜康！”

# 第二节
## 数字定桩法

还记得那年春晚的记忆神童王仙妮吗？《百家姓》她可以做到随便点哪个数字，就能够说出对应的姓氏，就像百度一样快速索引，她运用的是什么方法呢？本节就有答案哦！

在上一章中我们做过一个训练，将 00 ~ 99 的数字转化成形象，也就是我们所称的“数字代码”，这套数字代码是世界记忆力锦标赛选手记数字的必备工具，同时在我们生活中也有很多用武之地，比如可以用来记忆一些有序号的信息，如班级学生的学号，梁山好汉 108 将的排序等，我们先以《三十六计》前十计为例。

数字定桩法这样使用：首先是要熟悉数字代码，提到数字能够马上想到数字代码；其次是将要记忆的信息转化成尽可能简单的形象；最后是将要记忆的形象与数字代码的形象进行配对联想。通过不断强化联想的效果，最终达到一个目标，随便点第多少个数字，就可以马上说出对应的计谋，也可以随便说出计谋，可以对应说出相应的数字编号。

**我们先来熟悉一下 1—10 的数字代码：**

| | | | | |
|---|---|---|---|---|
| 1—蜡烛 | 2—鹅 | 3—耳朵 | 4—帆船 | 5—秤钩 |
| 6—勺子 | 7—镰刀 | 8—眼镜 | 9—口哨 | 10—棒球 |

### 第 1 计 瞒天过海

这个成语本来是指光天化日之下不让天知道就过了大海。形容极大的欺骗和谎言，什么样的欺骗手段都使得出来。我们将其形象化的方式有几种：一种是根据字面意思直接出现形象，想象自己潜行过了大海，天上的天神都看不见你；一种是根据引申的意思联想到相关的人或者是物，比如这里可以想到一个骗子的形象；一种是挑选关键字或关键词，这建立在你对这个成语熟悉的基础之上，比如想到"瞒"你就知道"瞒天过海"，这时可以谐音想到"馒头"，或者"瞒天"谐音想到"满天"。

接下来就是将"1"的代码蜡烛与我们的形象进行联想，比如，可以想象自己骑着一只超大的蜡烛在大海里潜行，而天上的天神都看不见你，你抵达海的彼岸后得意地哈哈大笑。如果想到了"满天"，也可以联想成满天都漂浮着点燃的蜡烛。

### 第 2 计 围魏救赵

本意是战国时齐军用围攻魏国的方法，迫使魏国撤回攻赵部队而使赵国得救。"2"的代码是鹅，我们可以想象一群鹅围着插有魏国旗帜的城，在不远处插着赵国旗帜的士兵欢呼："得救喽！"你也可以将"围魏"谐音图像化为"围着位子"，想象一群鹅围在你坐的位子旁边，争先恐后地想要啄你。

### 第 3 计 借刀杀人

本意比喻自己不出面，借别人的手去害人。"3"的代码是耳朵，由耳朵想到了大耳朵的猪八戒，他的钉耙丢了，找别人借刀去杀人。

（1）西湖龙井　　（2）洞庭碧螺春
（3）黄山毛峰　　（4）庐山云雾茶
（5）六安瓜片　　（6）君山银针
（7）信阳毛尖　　（8）武夷岩茶
（9）安溪铁观音　　（10）祁门红茶

**参考联想（由国际记忆大师、文魁大脑俱乐部会员谢超东提供）：**

（1）西湖龙井。11(梯子)：西湖里面有一条龙，利用梯子从深处的井里面爬出来了，惊呆了旁边的游客。

（2）洞庭湖碧螺春。12(椅儿)：湖边的山洞里有个庭院，中间摆着一把椅子，碧绿的田螺坐在上面感受着蒙蒙春雨。

（3）黄山毛峰。13（医生）：黄山上有一只毛毛虫在发酒疯（峰），路人赶快叫来医生救治。

（4）庐山云雾茶。14（钥匙）：庐山终年都有许多云雾，想要到顶端喝茶，得有一把神奇的钥匙引路才行。

（5）六安瓜片。15（鹦鹉）：六只鹦鹉手拿安全帽，在餐桌上打扫西瓜的碎片。

（6）君山银针。16（石榴）：君子郭靖在山上采摘了石榴准备吃，黄蓉却说先用银针试一下是否有毒。

（7）信阳毛尖。17（仪器：酒精灯）：信奉太阳神的红色毛毛虫，用其尖尖的毛戳碎了酒精灯。

（8）武夷岩茶。18（腰包）：武夷山上的道士喜欢将岩石装在腰包里，下山去跟商人换茶喝。

（9）安溪铁观音。19（衣钩）：公安部门在小溪上追到了冒牌的铁观音，用衣钩将其勾住抓回去了。

（10）祁门红茶。20（按铃）：骑（祁）着马的门神想点红茶，他按了按铃，服务员过来帮他点单。

# 第三节
## 地点定桩法

《最强大脑》第一季中，文魁大脑俱乐部金牌讲师“汉字女英雄”胡小玲挑战“汉字盲填”，堪称史上最高难度的填字游戏，她仅花了4分钟就记住了40个长短不一的词语，有网友说她是使用了“记忆宫殿”，也就是本节所说的“地点定桩法”，看完本节，你也来揭揭密吧！

地点定桩法历史非常悠久，也称为“古罗马室法”。在古罗马时代，元老院的长老们为了演说和辩论需要引经据典，记住大量数据，而那时没有纸笔，不方便记录。而一个雄辩者必须要记住大量知识才能出口成章，立于不败之地。他们是怎样记忆的呢？罗马人注意到自己家里的物品摆设、家具还有许多器皿一般是固定在一个地方不动的，如果以它们为媒介，把需要记忆的内容与每样物品进行想象，那么只要想起物件不就可以想起所记忆的内容了吗？这样就解决了能“按顺序记”的难题，这种方法被称为“古罗马室法”！

“古罗马室法”被传教士利玛窦传入中国，当时他为了传教必须得让中国人认可，除了带来西方的各种知识和发明，他还熟读中国历史和文化书籍。更神奇的是，他可以匆匆看一本书就做到倒背如流。为了结识知识分子与官府，他专门写了一本记忆书，名为《西国记法》，叙述了运用空间结合心像来记忆文字的方法，后来这本书又改编成《记忆宫殿》。

运用地点定桩法，首先需要在我们生活的环境中找一些地点，找地点有以下五个黄金法则。

### 1. 熟悉

可以从我们生活中熟悉的地方开始，比如自己家里、亲戚朋友家里、学校、公园等。一般在脑海中过两三遍就能够记下来，实在不行用录像机录下来，多复习几遍也能转化成熟悉的地点。

### 2. 顺序

地点的顺序要比较好记，必须要按照一定的方向来找，可以按顺时针或逆时针方向。

### 3. 特征

找的地点要有突出的特征，平面的东西不是很好，比如墙，最好是能够立体化的，像水桶啊开水瓶啊还有洗澡盆都不错。另外，在同一组地点里最好不要有相同的东西。

### 4. 适中

地点要大小适中，太小了看不见，太大了看不全。两个地点间的距离也要适中，太远了从一个跨到另一个不太容易，太近了上面的东西容易混淆，一般的距离在半米到一米之间比较合适。如果两个地点相距太远，可以在中间随意虚拟想象出一个物品作为地点。

### 5. 固定

就是说找的地点不能是经常移动的，比如一只到处乱跑的小狗。特别是在经常生活的家里找地点，如果地点变动了，使用起来容易混淆。

地点一般至少 10 个一组，找完之后可以把它在脑海中默默地回忆一遍，然后写在本子上面，通过脑海中多次回忆来熟悉地点。

下面我们以一张图片为例，示范一下如何找地点。

向慧 绘

这是我一般常找的室内地点，我选择站在地毯旁边来观察，按照顺时针的方向，第 1 个可以找花瓶，下面的相框那一格空间比较小，可以不用它，我们用第三排的玩具做第 2 个地点，下面的柜子可用可不用，如果你是在实地找地点，可以把柜子打开，增加立体空间感；然后第 3 个地点我选择电话，第 4 个选择两个枕头中间的地方，这时我选择移动到靠近桌子的床头中间来观察，然后向上选择那幅画，接下来的台灯和插花比较近，因为台灯看起来较小，就选择插花作为第 5 个地点。

接下来我们的视线转向大柜子，它其实可以拆分成很多地点，左边的柜子和右边的玻璃其实都可以做地点，只是稍显得平面，我选择上面的书作为第 6 个，下面的桌子作为第 7 个，然后下面的抽屉想象它打开，作为第 8 个地点。接下来，视线转向了椅子，第一把椅子作为第 9 个地点，然后桌子作为第 10 个地点。

有人可能要问，另一把椅子可不可以做地点，其实也是可以的，我们可在第一把椅子选择椅子靠背上方，而另一把椅子则选择在椅子坐的部位，这样就可以区分开来。你可能还会问，床和毯子可不可以作为地点，也是可以的。这里我们举例时只需要 10 个地点，所以就暂时不使用它。

现在，我们一起来复习一下这 10 个地点，在脑海中依次扫过每个地点，然后把地点的名称写下来吧。

1 是_____，2 是_____，3 是_____，4 是_____，5 是_____，

6 是_____，7 是_____，8 是_____，9 是_____，10 是_____。

接下来我们举第 11 计到第 13 计为例，第 11 计李代桃僵，意思是李树代替桃树而死，比喻兄弟相爱相助，后来用指相互顶撞或代人受过。如果挑选关键字“李”的话，可以想象一个李子砸到了花瓶上面，把花瓶砸了个稀巴烂，或者想象花瓶上面的花里长出好多的李子来。如果是用比喻的意义，可以想象弟弟把花瓶打碎了，哥哥说：“弟弟，别怕，等会我跟妈妈说是我弄碎的。”

第 12 计顺手牵羊，意思是顺手就牵了羊，比喻不费劲便得到的。现多指趁机拿走人家东西的偷窃行为。我们可以直接来个顺手牵“熊”，想象一只手伸过来把熊给拿走，旁边的娃娃痛哭起来。

第 13 计打草惊蛇，意思是打动草惊动了藏在草里的蛇。后来指做事不周密，行动不谨慎，而使对方有所察觉。可以挑选关键

词“蛇”，想象一条蛇缠在电话上面，电话铃一响起来，蛇吓得“哧”的一声就溜走了。当然也可以挑选关键词“打”，联想到“打电话”。

好啦，接下来的请自己来想吧！

第 14 计 借尸还魂（迷信的人认为人死后灵魂可附着于别人的尸体而复活。后用以比喻已经死亡或没落的事物，又假托别的名义或以另一种形式重现。）

______________________________________

______________________________________

第 15 计 调虎离山（设法使老虎离开山头。比喻为了便于行事，想法子引诱人离开原来的地方。）

______________________________________

______________________________________

第 16 计 欲擒故纵（要抓住他，故意先放开他。比喻为了进一步控制，先故意放松一步。）

______________________________________

______________________________________

第 17 计 抛砖引玉（以自己的粗浅意见引出别人高明的见解。）

______________________________________

______________________________________

第 18 计 擒贼擒王（作战要先擒拿主要敌手。比喻做事要抓关键。）

______________________________________

______________________________________

第 19 计 釜底抽薪（从锅底抽掉柴火。比喻从根本上解决问题。）

______________________________________

______________________________________

第 20 计 混水摸鱼 （比喻在混乱时夺取不正当的利益。）

______________________________________________

______________________________________________

如果你做完上面的训练，就来尝试回忆一下，看能不能想起来吧。地点定桩法非常直观，只要你去找，地点可以无限多。对于初学者而言，可以先从熟悉的地方开始，然后去一些家居广场或者一些星级酒店，另外也可以在旅游时试着找地点，你会发现一些别人看不到的风景。

使用地点法的好处是我们的记忆有了储存的空间，多了一条提取记忆的线索，我们也可以随时随地来复习知识，如果有哪个地点上没有图像，我们就可以回头再去强化复习，这样的复习就能节约了大量时间。

然而很多人会问，使用地点法记忆了某个知识后，还能够用它来记忆其他的东西吗？曾获得八届世界记忆冠军、世界脑力锦标赛形象大使多米尼克先生曾做过形象的比喻："地点就像是磁带，我们记忆就是用磁带来录音，对于需要长期保存的东西，我们要通过复习来使之持久，对于以后不会再用的信息，我们可以把磁带上的信息抹掉，继续记新的信息。"我们储存在地点上的信息如果不需要长期记忆，是可以抹掉的。抹掉的方式，一个就是长期不去复习它，第二个就是直接用新的信息来覆盖，当然我们还有更多高招。

关于地点法，很多初学者把它当成灵丹妙药，以为它可以包治百病，其实它有其局限性，就是需要我们先有大量的地点在脑海里，同时它对于需要按照顺序记忆的信息有很大帮助，一些零碎的知识点，比如哪个国家的首都是哪里这种知识，以及英语单词等，如果运用地点定桩法就有点儿“杀鸡用牛刀”的味道了。但是它的神奇就在于，可以将一整本书，比如《道德经》《牛津英汉辞典》做到任意点背，也就是随意在哪一页哪一行是什么都可以说出来，这些比较高级的运用就不在本书中多说了。

**练习时间：**

1. 请在下面两幅图里找出20个地点，每幅图找10个，在相应的地点上面用铅笔标上1～10的数字。

2. 请用第一幅图的10个地点记忆“世界面积最大的十个国家”。

（1）俄罗斯

（2）加拿大

（3）中国

（4）美国

（5）巴西

（6）澳大利亚

（7）印度

（8）阿根廷

（9）哈萨克斯坦

（10）苏丹

3. 请用第二幅图的10个地点记忆“世界十大名著”。

（1）《战争与和平》

（2）《巴黎圣母院》

（3）《童年》

（4）《呼啸山庄》

（5）《大卫·科波菲尔》

（6）《红与黑》

（7）《悲惨世界》

（8）《安娜·卡列尼娜》

（9）《约翰·克里斯托夫》

（10）《飘》

# 第四节
# 万事万物定桩法

我们可以在任何时间，任何地点，用任何事物来帮助我们记忆任何信息，这就是记忆法的神奇之处。当初我学记忆法时，老师故意留下悬念："还有一个更强大的万事万物定桩法。"后来才知道，原来如此！

万事万物定桩法，顾名思义，就是用宇宙间的一切事物都可以定桩，我们可以将其拆分成一些小的部分变成一个个桩子，比如说我们身体的部位，我们可以从上到下找到很多桩子，比如头发、耳朵、眼睛、鼻子、嘴巴、脖子、肚子、屁股、膝盖、脚。我们可以尝试用它们来记忆一些购物清单，或者旅游物资清单，当然，也可以像地点定桩法一样，用来记忆一些学科的知识。

**下面我们一起来记忆一下"世界上最健康的10大食物"。**

1. 鱼类　2. 花椰菜　3. 酸奶　4. 菇类　5. 豆类
6. 番茄　7. 洋葱　8. 橄榄油　9. 甘薯　10. 猕猴桃

**请将你的联想过程写下来：**

1. ______________________________
2. ______________________________
3. ______________________________
4. ______________________________
5. ______________________________
6. ______________________________
7. ______________________________
8. ______________________________
9. ______________________________
10. ______________________________

**参考联想（由国际记忆大师、文魁大脑俱乐部会员刘显梅提供）：**

1. 头发——鱼类。一根头发把一条鱼钓了起来。
2. 耳朵——花椰菜。耳朵上开出了花并结出了椰子。
3. 眼睛——酸奶。酸奶涂在眼睛上做美容。
4. 鼻子——蘑菇。感冒流鼻涕了，用蘑菇塞住了鼻孔。
5. 嘴巴——豆类。嘴巴里镶着一排豆子做的假牙。
6. 脖子——番茄。脖子戴着一串小番茄做的项链。
7. 肚子——洋葱。冬天要露出肚子来，要像剥洋葱一样掀开一件件衣服。
8. 屁股——橄榄油。屁股上涂满了橄榄油，坐在椅子上就滑下来了。
9. 膝盖——甘薯。膝盖跪在一个甘薯上面，把甘薯压扁了。
10. 脚——猕猴桃。脚踩在一个猕猴桃上，绿色的汁四处飞溅。

记忆完毕我们依次想到身体的部位来复习一下，看，我们不仅可以用大脑来记，我们身体的每个部位都变成了记忆的“口袋”。让我们少用一些纸和笔，多在生活中这样锻炼大脑的记忆吧。

除了我们的身体，我们还可以将汽车、摩托车、电脑等拆分成小的部分，比如一辆汽车，我们可以找到以下10个地点：1. 前轮；2. 车灯；3. 车标；4. 挡风玻璃；5. 车顶；6. 方向盘；7. 驾驶座；8. 副驾驶座；9. 后备箱；10. 排气口。

我们用它们来训练一下，记忆“成功人士的十大心态”。

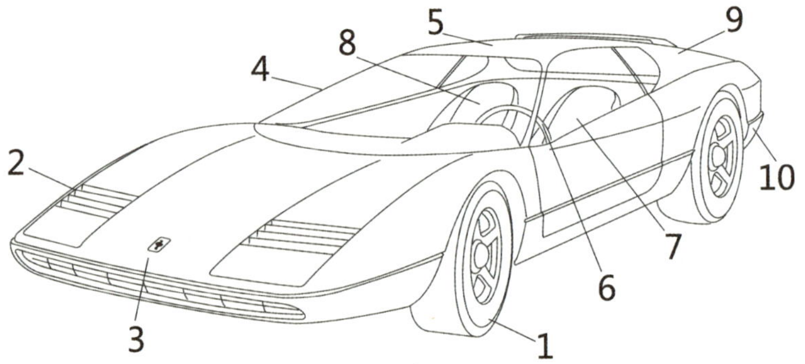


1. 执着　2. 挑战　3. 热情　4. 奉献　5. 激情
6. 愉快　7. 爱心　8. 自豪　9. 渴望　10. 信赖

**请将你的联想过程写下来：**

1. ______________________________
2. ______________________________
3. ______________________________
4. ______________________________
5. ______________________________
6. ______________________________

7. ______________________________________________

8. ______________________________________________

9. ______________________________________________

10. _____________________________________________

**参考联想（由国际记忆大师、文魁大脑俱乐部会员张闯提供）：**

1. 车轮——执着。“执着”谐音为“织着”，田震坐在地上，靠着车轮织着毛衣，边织边唱着《执着》这首歌。

2. 车灯——挑战。在车灯强光的照射下，《挑战不可能》主持人撒贝宁挑战开赛车。

3. 车标志——热情。“热情”拆合成热 + 擎，NBA 热火队当家球星韦德擎着火炬，近距离地欣赏车标。

4. 挡风玻璃——奉献。“奉献”谐音为“奉先”，吕布字奉先。《三国演义》第一名将吕布正在义务为大家擦挡风玻璃。

5. 车顶——激情。“激情”拆合成鸡 + 情。一只公鸡陪着一只母鸡在车顶上悠闲地散着步。

6. 方向盘——愉快。“愉快”拆合成鱼 + 快，一条鱼在方向盘上面飞快地穿梭着。

7. 驾驶座——爱心。“爱心”联想到福原爱和心形抱枕。日本著名乒乓球运动员福原爱抱着心形抱枕坐在驾驶座上。

8. 副驾驶座——自豪。“自豪”谐音为“自嚎”，在副驾驶座上，一头狼在独自嚎叫着。

9. 后备箱——渴望。他口渴了，望望后备箱，看看有没有水。

10. 排气口——信赖。“信赖”拆合成信 + 獭，《疯狂动物城》里正在读信的树獭，被排气口喷出来的尾气熏黑了。

除了具体的物体，我们还可以用汉字来定桩，因为汉语里面有一些诗歌、名言等我们熟悉的句子，它们的顺序也不会改变，如果我们能够将每个字先变成图像，那么再去和要记的信息进行一一联想，也是可以的。比如“白日依山尽，黄河入海流”“学而时习之，不亦乐乎”等。

我们的第一步是通过接近联想使汉字变成图像，比如“白”可以想到白菜、李白等，“日”则直接想到太阳，有些可以用谐音，比如“依”想到衣服，能够直接想到的就直接想，这样反过来由图像想到文字时也方便。另外，如果熟语里有相同的字，我们可以用不同的图像，或者用同一个图像，但可以对大小、颜色、特征等进行区分。

下面我们以美国哈佛大学心理学系系主任丹尼尔·夏科特的《你的记忆怎么了》里提出的“记忆七宗罪”为例来做一个训练，“记忆七宗罪”是指记忆出了问题时给我们带来的七种麻烦，它们分别是：

1. 健忘：记忆随着时间过去而减退或丧失。

2. 分心：没有记住该记住的事。

3. 空白：脑子里努力想找出某一信息，却怎么也想不起来。

4. 错认：误把幻想当作真实。

5. 暗示：在唤起过去记忆时，因受到某种引导性的问题、评论或建议的影响，而使记忆遭到扭曲。

6. 偏颇：根据自己目前的认知，重新编辑甚至全盘改写以前的经验。

7. 纠缠：明明想彻底忘却的恼人事件，却一再反复想起。

我们就直接用“你的记忆怎么了”这七个字来做桩子，“你”可以想到你自己，“的”可以想到的士，“记”想到“笔记本”，“忆”谐音想到“椅”，“怎”谐音想到“枕”，“么”谐音想到“磨”，

“了”想到“鸟”。

**接下来，请你分别进行联想。**

1. ________________________________

2. ________________________________

3. ________________________________

4. ________________________________

5. ________________________________

6. ________________________________

7. ________________________________

**参考联想（由文魁大脑俱乐部会员蒋雪婷提供）：**

1. 健忘（你）。又想不起来自己有没有吃药了吧？你才二十岁就这么健忘啊！

2. 分心（的——的士）。的士司机开车分心了，撞到一棵树上面。

3. 空白（记——笔记本）。用这种空白的笔记本来画思维导图真是再好不过了！

4. 错认（忆——摇椅）。我把坐在摇椅上的李大爷错认成了隔壁老王。

5. 暗示（怎——枕头）。我在失眠时不断暗示自己：“我的头越来越觉沉，深深地陷入到枕头里面。”

6. 偏颇（么——磨叽）。他磨磨叽叽吐出来的话，听起来还是有些偏颇。

7. 纠缠（了——鸟）。树上的两只小鸟为了争夺一条虫子纠缠扭打在一起了。

# 第五节
## 图像锁链法

零散的、无逻辑的信息比集中的、有意义的信息要难记，为什么呢？就像一个个糖葫芦一样，如果没有一根棍子串起来，我们吃起来就很不方便。所以想要记得牢，就要像串糖葫芦一样，把图像用“锁链”连在一起，本节将为你分享你很少听说的“图像锁链法”。

所谓图像锁链法，就是将要记忆的信息简化成一个个图像，然后将这些图像如锁链一样都串起来。A 和 B 链在一起，B 和 C 链在一起，C 和 D 链在一起，依此类推。如果两两之间的联想比较牢固，就可以顺藤摸瓜全部都想起来。

**我们先来尝试着记住以下 10 个图像的顺序：**

1. 钥匙　2. 鹦鹉　3. 足球　4. 尿壶　5. 老虎

6. 香蕉　7. 气球　8. 扇子　9. 观音　10. 饲料

如果是没有学习记忆方法的话，很多人会习惯性地开始默读，“钥匙、鹦鹉、足球，钥匙、鹦鹉、足球……”，但是这样经常是背了后面的忘了前面的，就像狗熊掰玉米一样。现在，请看下面的提示，然后在脑海中想象这些画面，记住每个画面里只有两个图像，而且不管上一个画面里某个东西被折磨成怎样，到了下一个画面里，又都是新的。每个画面在脑海中想象 10 秒的时间，让它尽量清晰、生动。

1. 钥匙用力地插到鹦鹉身上，鹦鹉“哇”的一声扑腾着翅膀倒在地上；

2. 鹦鹉用爪子狠狠抓住足球，将足球“啪”的一声抓爆炸了；

3. 足球砸到尿壶上面将尿壶砸破，溅出很多难闻的液体；

4. 尿壶泼出一些液体到老虎头上，老虎的毛都湿淋淋的；

5. 老虎扑到香蕉上面，一口咬住香蕉连皮一起吃下去；

6. 手拿着香蕉砸向汽球，汽球“嘭”的一声炸成碎片；

7. 汽球带着扇子飞上了天，然后突然将扇子摔下来摔断了；

8. 用超大的扇子给观音扇风，将观音扇到了九霄云外；

9. 观音用手上的柳枝生气地抽打饲料，饲料四处飞溅。

请写出这 10 个图像：

1. ________2. ________3. ________4. ________5. ________

6. ________7. ________8. ________9. ________10. ________

我们接下来看三十六计的 21 到 30 计，我们可以通过理解意思和朗读来熟悉这些计谋，然后挑选出比较关键的字词来做图像，这些图像尽量找可以动的东西，而且最好不要和其他计谋有所混淆，你先来自己挑一挑。

第 21 计 金蝉脱壳（蝉变为成虫时要脱去以前的壳。比喻用计脱身。）

第 22 计 关门捉贼（关起门来捉进入屋内的盗贼。）

第 23 计 远交近攻（结交离得远的国家而进攻邻近的国家。

这是秦国用以并吞六国，统一全国的外交策略。）

第 24 计 假道伐虢（以借路为名，实际上要侵占该国。虢，诸侯国名。）

第 25 计 偷梁换柱（比喻暗中玩弄手法，以假代真。）

第 26 计 指桑骂槐（指着桑树骂槐树。比喻借题发挥，指着这个骂那个。）

第 27 计 假痴不颠（假装痴呆，掩人耳目，另有所图。）

第 28 计 上屋抽梯（上楼以后拿掉梯子。用以比喻怂恿人，使人上当。）

第 29 计 树上开花（比喻将本求利，别人收获。）

第 30 计 反客为主（本是客人却用主人的口气说话。后指在一定的场合下采取主动措施，以声势压倒别人。）

**下面是我挑选的关键字，供大家参考：**

第 21 计可以挑选“蝉”；

第 22 计如果选“贼”，则会与第 18 计“擒贼擒王”相混淆，所以可以选择“门”；

第 23 计里没有形象的东西，可以用增减字法或谐音法，比如“交”增加字为“交警”，“攻”谐音可以为“弓”，这里选择“交警”；

第 24 计“假道伐虢”，可以选择“道”想到“道士”，或者“虢”谐音为“锅”，这里选择“道士”；

第 25 计可以选择“梁”“柱”，我选择“柱”；

第 26 计“桑”和“槐”都可以，也可以想到一个泼妇的形象，这里选择“桑”；

第 27 计“假痴不颠”，由“痴”可以想到一个“白痴”，自己找一个心中的白痴形象；

第 28 计是“上屋抽梯”，选择“屋”或“梯”都可以，这里选择“梯子”；

第 29 计也是可以选择“树”或者“花”，但是“树”和前面的“桑”可能混淆，此处想象一束玫瑰花；

第 30 计可以选择“客”，想象一个到你家做过客的客人。

把我们选择的整理一下，就是以下 10 个图像：蝉、门、交警、道士、柱、桑、白痴、梯子、玫瑰花、客人。我们先来尝试一下看能否想到原来的成语，如果不能想到，就赶紧换一个吧。

如果可以的话，我们就进行下一个步骤，运用图像锁链法。之前的配对联想训练中有几种方式，这里可以用到主动出击、另显神通和双剑合壁三种方式，在联想时可以运用联想的 6 个法则。

我是这样来想象的：

一群蝉飞向铁门，把门撞得砰砰响，然后啪啪地掉在了地上；

铁门倒下来把门后面的交警压倒在地，交警拼命地喊：“救命！”

交警用双手抱住一个道士并按倒在地上，把他给拷了起来。

道士抱着一根大的柱子在跳舞，跳得道袍都湿透了。

柱子倒了下来，压倒了一根桑树，把桑叶都压进了泥土里。

一只手拿着桑树枝在打一个白痴的屁股，白痴却笑得乐呵呵。

白痴爬到梯子上面，脱了衣服在上面坐着唱歌。

梯子的每一个横栏上面都长着好多玫瑰花，花香四溢。

你拿着玫瑰花献给来你家做客的客人。

现在，请写出这 10 个图像以及对应的计谋：

1. ________ 2. ________ 3. ________ 4. ________ 5. ________

6. ________ 7. ________ 8. ________ 9. ________ 10. ________

# 第六节
# 串烧故事法

《你好吗》？《给我一首歌的时间》，我的《可爱女人》。我想和你《回到过去》，继续那份《简单爱》，续上《断了的弦》，我依然穿着你送我的《黑色毛衣》，还记得那是我们《薄公英的约会》时你送给我的。我们去《珊瑚海》、《菊花台》，《一路向北》，去往《千里之外》。知道这是什么吗？这是周杰伦歌名的串烧，这样将它们编成故事，是不是很快就可以记住了呢？这种方法叫串烧故事法，在学习中也非常实用哦！

串烧故事法就是将需要零散的记忆内容编成一个故事，为什么要编成故事呢？因为故事有情节、有画面、有趣味、有逻辑性，将零散的信息像珍珠一样串起来，可以充分调动我们的全脑来记忆。在回忆时，我们一想起这个故事，就可以很顺利地按顺序提取出记忆的内容。如果有一些内容不需要严格按照顺序来记忆，我们也可以在编故事时重新排序，让我们编故事更容易。

日本记忆专家坂井照夫有个经典的案例来记忆日本作家夏目漱石的作品：《我们是猫》《草枕》《虞美人草》《三四郎》《从

此》《门》《行人》《一直到对岸》《道草》《明暗》，他编了一个故事：《我们是猫》，枕着《草枕》睡觉，草枕上面画着《虞美人草》，《三四郎》践踏虞美人草，《从此》进入到《门》里，看到里面有很多来往的《行人》，他们一直到对岸的河边去采《道草》，道草长在《明暗》分明的森林里面。这个小故事让他轻松地记住了这些作品，而且可以按照顺序说出来。

我们编故事一般要求要简洁、有趣、生动、形象，不能前后跳跃太大，一下子想到这，一下子扯到那，整体上看来要有条理。编故事时，我们脑海中要浮现出图像，看到一幕幕故事的发生，同时可以借助听觉、触觉等多种感观，或者加入自己的经历和情感，这样可以强化我们的记忆。

再举个语文里记忆作家作品的例子，冰心的代表作有《超人》《春水》《繁星》《小桔灯》《姑姑》《往事》《寄小读者》。一个学生编了这样的故事：冰心奶奶变成了超人，她从春天的水池里飞出来，飞到天上，在满天繁星中抓了一把，然后呢，将这些星星放在桔皮里做了小桔灯，并把它送给了姑姑，姑姑在灯下面回忆起往事，她写下来将它寄给了小读者。

另一个学生的故事则是：一个巨大的冰雕爱心前面，超人用手指一点就化成了春水，一些水珠漂在空中像是繁星一样，超人将桔皮放在星星下面，就变成了很多盏小桔灯，在灯下他和姑姑坐在一起回想他的往事，并让姑姑写下来寄给小读者。

“三十六计”的最后六计，我们可以编一个故事来记住，他们分别是美人计、空城计、反间计、苦肉计、连环计、走为上计。可以想象一个美人被关在一座空城，反锁在一个房间里，她反复敲打门都打不开后想出一计，将苦瓜和肉丝接在一起连成环，从房间的窗户里爬出来，得意地一走了之。

闭着眼睛想象这个画面，可以将细节想得更清晰一些，想象这是你非常喜欢的美人，比如某位影视明星或者是你认识的女生，想象她被关进空城时的心情，她反复敲打门时的心情，她计上心来时的愉悦心情等。想完这个画面，我们一起来检测一下，看看有没有将最后六计记下来吧。

我们还可以尝试一下，把前面的三十计也编成一个故事，每一计我们比较熟悉后，可以只挑取里面的关键词来编故事，我来起个头：我是古代的大将军，我带领军队瞒着天过了海，然后包围了魏国来救赵国，我找士兵借了一把刀来杀敌，杀累了以后我就在旁边休息，以逸待劳，这时我发现魏国着火了，我拿着刀去打劫……

编完故事之后，我们可以闭上眼睛好好回忆这个故事，并且添加一些细节，使故事更加清晰更加连贯，然后我们尝试着过一遍，看看能够记住多少。

训练串烧故事法，不仅可以提高我们的记忆力，还可以改善我们的想象力和创造力，并且有助于提高我们的写作水平和演讲水平，央视的“挑战主持人大赛”就有随机给一些词语编故事的挑战项目，而一些大公司面试员工也会有这个项目，我们从小训练它好处多多。

我们可以先从 10 个词语开始编故事，当你训练得多了以后，可以慢慢地增加到 15 个、20 个，如果要记忆的信息更多时，我们也可以分成两到三个故事。现在我们先给一些素材大家来训练：

**第一组：**太阳、飞机、孙子、成语词典、风扇、猪、电脑、空调、手套、小孩子

**第二组：**房子、相册、耳机、牛郎、面包、麻醉、瀑布、模特、火箭、橡皮

**第三组：**玫瑰、豆浆、消毒、漫画、苗条、叛徒、破烂、民族、绵羊、奖杯

**第四组：**英雄、课桌、外星人、冰川、兴趣、企鹅、奇迹、闪耀、眼镜、话筒、时钟、煤炭、窗户、未知数、恐怖

**第五组：**海洋、非洲 、文化、网络、秒表、笑声、完美、吊灯、语文、苹果、马、狼、学习、茅台酒、名著

**第六组：**天堂、喜羊羊、幸福、鼠标、飞碟、火灾、卫生纸、柜子、巨蜥、火车、天空之城、最强大脑、我爱记歌词、苹果手机、领带

在这里推荐一种好玩的训练方式，我在 2013 年训练一位学生时，买了一盒印有各种物品的小卡片，比如上面有向日葵、椅子、西瓜等，我随机抽出 15 张按顺序摆在桌子上面，在学生记完之后，我将所有的卡片翻过来，然后让他一张张地说出牌的内容，并且将他编的故事与我分享。通过这种训练，他对记忆法的兴趣比以前更加深厚了。

我们还可以自制小卡片，一般在扑克牌一半的大小即可，然后将 00 ~ 99 对应的数字代码的文字写在每张卡片上，然后将卡片打乱放在盒子里。我们可以找几个朋友一起来玩这个游戏，每人随机抽取 20 张卡片，限时 2 分钟记忆，记完之后在 1 分钟内写答案，谁最先写好谁就喊停，答对 1 个得 1 分，答错 1 个扣 1 分，我们看看哪位同学的得分最高，可以给予一点小小的奖励，然后请这位同学分享他编的故事，大家也可以帮助他完善这个故事。这个游戏可以经常玩，当这些词语玩腻之后，还可以挑选一些更高难度的词语，比如成语、歌名、电影名等，让你玩出好的记忆！

**练习时间：**

1. 中国十大古典悲剧：《窦娥冤》《赵氏孤儿》《精忠旗》《清忠谱》《桃花扇》《汉宫秋》《琵琶记》《娇红记》《长生殿》《雷峰塔》

______________________________________________

______________________________________________

______________________________________________

2. 以“f（e）”结尾的名词变复数时，一般是直接加“s”，但也有9个特例，它们是：wolf（狼）、leaf（树叶）、half（一半）、self（自己）、wife（妻子）、knife（刀子）、shelf（架）、thief（强盗）、life（生命），它们都要改“f（e）”为“v（e）”再加“s”。请用串烧故事法记忆下来。

______________________________________________

______________________________________________

______________________________________________

**参考联想（由文魁大脑俱乐部会员杨泽提供）：**

1. 赵氏孤儿看到窦娥太冤了，决定为她伸张正义，他挥舞着精忠旗走进长生殿，翻开桌上的清忠谱写下窦娥的名字，窦娥弹着琵琶从雷峰塔上飘然走下，看到赵氏孤儿就撒娇并脸红起来，她用桃花扇遮住了半边脸，扇子上浮现出汉宫秋天的美景，赵氏孤儿都看呆了！

2. 狼站在架子上抖落了树上一半的树叶，强盗和他的妻子在飞舞的落叶中，用刀子结束了自己的生命。

# 第七节
# 字头串烧法

“飞雪连天射白鹿，笑书神侠倚碧鸳”，如果你是金庸迷的话，一定对这句诗不会陌生，它代表着金庸的14部武侠小说，分别为《飞狐外传》《雪山飞狐》《连城诀》《天龙八部》《射雕英雄传》《白马啸西风》《鹿鼎记》《笑傲江湖》《书剑恩仇录》《神雕侠侣》《侠客行》《倚天屠龙记》《碧血剑》《鸳鸯刀》。而金庸先生所使用的方法，就是本节将会为大家分享的“字头串烧法”。

字头串烧法是将要记忆的内容里取第一个字或者其中一个字（也可以是谐音），组成一句有意义的话，从而方便我们的记忆。苏东坡在背诵《汉书》时，只要别人提起书中一段话的前几个字，他就能够将后面的内容背诵，他是如何做到的呢？原来他看书的时候会抄写每段的前三个字，再读的时候，就只抄前两个字，最后读时，只抄第一个字就可以背出来。反复地强化记忆，让我们可以借由一个字将整句想起来，这也是我们能够使用字头串烧法的原因。

接下来，我以东盟十国为例来讲讲字头串烧的步骤，首先我们要知道，东盟十国是东南亚十个国家的联盟，它们包括：

| | | | | |
|---|---|---|---|---|
| 老挝 | 马来西亚 | 新加坡 | 菲律宾 | 越南 |
| 泰国 | 柬埔寨 | 印度尼西亚 | 文莱 | 缅甸 |

我们记忆的第一步还是要先熟悉这些国家，看看提取字头能不能想到国家名，比如“老”可不可以想到“老挝”，“印”注意一下是“印度尼西亚”，而不是“印度”，“文莱”不清楚的话就联想记一下，“蚊子来啦”。如果觉得有一些其他字比字头更好的话，也可以换成这个字。比如“文莱”和“缅甸”，如果抽出来是“莱”和“甸”的话，就变成“来电”了，好玩又好记。

现在我们先把字头单独抽出来：老马新菲越，泰柬印文缅。是不是看起来没有什么关系，我们接下来就要在朗读之后来进行谐音换字，“老马新菲越”读读看，是不是很容易就想到了“老马新飞越”，一匹老的马有了新的飞越；“泰柬印文缅”比较长，我们可以分开来琢磨一下，“泰柬”可以谐音想到“太监”，“印文缅”可以联想成“印文件去面试”。这样，无意义的字头就变成了有意义的画面或是情景了，就比较好记了。记下串烧的内容之后，要尝试着还原一下，看能否回想起这些国家来。

一般想好了字头串烧之后，可以把它写在课本上或笔记本上，定期来复习一下，检测自己看到某个字能否想到相应的内容，如果想不到可以再去看看原来的内容。另外，还可以尝试把它们录音，在空余时间反复听。

字头串烧法比较灵活，只要三点以上的信息都可以使用。比如《江雪》这首诗“千山鸟飞绝，万径人踪灭。孤舟蓑笠翁，独钓寒江雪。”可以挑选字头串烧成“千万孤独”，你只要想象在江中钓鱼有一种千万孤独的感觉，在忘记时就可以提醒我们下一句是什么开头。再比如，我国的四大石窟——云冈石窟、龙门石窟、麦积山石窟和莫高窟石窟，可以提取字头编成是“云龙卖馍”，想象《亮剑》里的李云龙在石窟里叫卖馍馍。

字头串烧法一般由自己编写比较容易记忆，虽然需要花一点时间，费一点脑筋，但是你将对记忆的材料印象非常深刻，会保持很长时间的记忆，在考试时可以提笔就写，这种感觉非常好！

练习时间：

1. 四大佛教名山：峨眉山、九华山、五台山、普陀山

______________________________

2. 中国四大名镇：景德镇、佛山镇、汉口镇、朱仙镇

______________________________

3. 清末四大谴责小说：《孽海花》《官场现形记》《二十年目睹之怪现状》《老残游记》

______________________________

4. 中国十大才子书：《水浒传》《玉娇龙》《好逑传》《三国演义》《平山冷燕》《西厢记》《琵琶记》《花笺记》《斩鬼记》《三合剑》

______________________________

______________________________

**参考联想（由湖北科技学院记忆协会布克金、何益鸣原创）：**

1. 眉九五谱，谐音为“没酒无谱”，没有酒，做起事来就不靠谱。

2. 景口佛朱，谐音为“井口佛珠”。

3. 老官孽二，谐音为“老官孽儿”。

4. 水龙逑三燕，西琵剑斩花。谐音为“水龙求三燕，嬉皮剑斩花”，联想到一条水龙到处求三只燕子，一个嬉皮士用剑斩断花。

# 第八节
# 口诀记忆法

“1像铅笔，会写字；2像鸭子，水中游；3像耳朵，听声音；4像小旗，迎风飘；5像称钩，来买菜；6像哨子，吹声音；7像镰刀，来割草；8像麻花，拧一道；9像蝌蚪，尾巴摇；10像铅笔加鸡蛋。”还记得儿时的口诀吗？我至今还记得很多呢，这就是口诀的魔力，本节将教你如何编口诀记知识！

口诀记忆法就是把识记的材料编成有节奏、有韵律的材料，从而加强记忆的方法。在古希腊时代，人们没有纸和笔等工具，所以一些重要的信息都是以口诀的形式代代相传。而现在在非洲原始部落里，仍然保留着这样的传统，因为他们要传递消息需要走十天半个月，所以把消息编成押韵的口诀或者歌谣来帮助记忆。

口诀记忆法在我国有着悠久的传统，鲁迅的老师章太炎先生说过：“儿童记诵，本以谐于唇吻为宜。古人教学，多用于此。”《三字经》《弟子规》《百家姓》《千字文》都是以歌诀的形式，来帮助孩童进行启蒙教育。我们从小也都背过很多口诀，比如，九九乘法歌、英语字母歌、珠算口诀、二十四节气歌等。

## 1. 归类口诀法

归类口诀法是对记忆材料进行分析、归类的基础上，将材料编成比较好记的口诀的方法，比如周恩来总理曾把全国三十个省市和自治区编成这样的口诀：

两湖两广两河山，五江云贵福吉安，

四西二宁青甘陕，还有内台北上天。

第一句是指湖南、湖北、广西、广东、河南、河北、山东、山西。

第二句是指江苏、浙江、江西、黑龙江、新疆、云南、贵州、福建、吉林、安徽。

第三句是指四川、西藏、宁夏、辽宁、青海、甘肃、陕西。

第四句是指内蒙古、台湾、北京、上海、天津。

周总理在编口诀之前先找了规律进行归纳，把类似的内容放在一起用数字来浓缩，不仅是字头相同，只要有某个字的都合在一起，比如“五江”就代表着江苏、浙江、江西、黑龙江、新疆。浓缩之后，编的歌诀记忆起来更轻松了，当然对于浓缩的部分也要记住，我们可以用字头串烧法去记“五江”：苏浙西黑新，谐音就是：输着洗黑心。

再举一个例子：1984年中央开放了14个沿海城市：温州、宁波、福州、秦皇岛、广州、大连、连云港、天津、南通、上海、北海、烟台、青岛、湛江。

使用归类口诀法首先要看里面有没有同字的，比如“大连”和“连云港”都有一个“连”，温州、广州、福州都有一个“州”，秦皇岛和青岛都有“岛”，我们可以用数字编成“一天两连通三州，烟波江上北两岛”。

编口诀时，可以先在编订前确定每行的字数，是三言、五言还是七言，也可以有一些变化，一般在编定时上下两句尽可能押韵。

### 2. 提取关键信息法

第二种编订口诀的方法是提取关键信息法，就是从材料中提取最重要的信息，比如关键词或者关键字，然后将其按照一定的格式编成口诀。比如太平天国的事件可以编成："鸦片战，促惊醒，太平天国勃然兴。洪秀全，起金田，宣传斩妖太平天。克永安，定天京，北伐西征旌旗明。颁布《天朝田亩制》，人间天堂分粮均……"

接下来，我们以历代监察制度为例来讲解提取关键信息法的步骤。先来看看不同朝代有哪些监察制度。

秦朝：御史大夫

两汉：刺史制度

隋唐：三省相互牵制和监督

北宋：通判

元朝：御史台

明朝：提刑按察使司和厂卫机构

我先尝试着将前两行编一下找找感觉，因为涉及朝代和制度，一共有四个信息，所以我用的七言式的，编成了"秦朝御史两汉刺"，谐音一下就变成了"秦朝死鱼两行刺"。接下来我顺着这个思路向下编，"隋唐"想到了"水塘"，"三省"自然想到是"三声"，"通判"的"通"和"桶"谐音，正好都和鱼有关系，于是接下来就是"水塘三声被送桶"。接下来还有两个内容，为了凑成两句，元朝的可以单独成一句，变成"猿人来把死鱼抬"，最后一句"提刑按察使司"想到了"暗察"，"朝"还有一个读音 zhāo，"明朝"有明天的意思，所以这句变成是"明朝厂卫暗察死。"

我把它们写在一起就变成了：

秦朝死鱼两行刺，

水塘三声被送桶。

猿人来把死鱼抬，

明朝厂卫暗察死。

从情境来说还说得通，秦朝死鱼有两行刺，扔进水塘响了三声后被送进桶里了，猿人过来把死鱼抬起来了，明天厂卫会过来暗察死鱼的原因。如果觉得还有些不够好的，读一两遍后可以修改细节，将最终的定稿写在书本上面，然后把它记到脑袋里面。记完口诀之后，还要根据口诀内容来回忆原文，如果有想不起来的地方，还需要强化记忆。

### 3. 罗列法

第三种方式就是罗列法，就是将要记忆的信息分条罗列在口诀里，我们以标点符号的口诀为例：

一句话说完，画个小圆圈（。句号）

中间要停顿，小圆点带尖（，逗号）

并列词句间，点个瓜子点（、顿号）

并列分句间，圆点加逗号（；分号）

疑惑与发问，耳朵坠耳环（？问号）

命令或感叹，滴水下屋檐（！感叹号）

运用口诀记忆法需要启动左脑的分析和归纳能力，同时需要发挥右脑的想象力和创造力，编好口诀后经常默诵或者录音听诵，会让知识牢固地储存在你的脑海里。虽然刚开始编口诀会有些麻烦，但是却是“磨刀不误砍柴功”哦！你编的口诀越多，编的速度就越快，以后记忆的效率也越高！学完马上去用吧！

**练习时间：**

1. 中国古典名著分别为:《东周列国志》《西游记》《三国演义》《水浒传》《桃花扇》《红楼梦》《官场现形记》《儒林外史》《金瓶梅》《喻世明言》《警世通言》《醒世恒言》《初刻拍案惊奇》《二刻拍案惊奇》《今古奇观》《聊斋志异》《史记》《西厢记》《镜花缘》。

______________________________

______________________________

______________________________

______________________________

2. 二十四节气有立春、雨水、惊蛰、春分、清明、谷雨、立夏、小满、芒种、夏至、小暑、大暑、立秋、处暑、白露、秋分、寒露、霜降、立冬、小雪、大雪、冬至、小寒、大寒。请按照顺序编写一个口诀。

______________________________

______________________________

______________________________

______________________________

**参考联想：**

1. 东西三水桃花红，官场儒林爱金瓶。三言两拍赞古今，聊斋史书西厢镜。

2. 春雨惊春清谷天，夏满芒夏二暑连；秋处露秋寒霜降，冬雪雪冬小大寒。

# 第九节 绘图记忆法

爱因斯坦说："我的所有点子都是通过画图得来的。语言只不过是我用来向别人解释我的想法的工具。"本节我们要像天才一样来思考，用绘图来牢记知识！

《中国中学生报》第970期发表的一位语文老师的文章中写道：

朱自清的《春》第三段是这么写的："小草偷偷地从土里钻出来，嫩嫩的，绿绿的。园子里，田野里，瞧去，一大片一大片满是的。坐着，躺着，打两个滚，踢几脚球，赛几趟跑，捉几回迷藏。风轻悄悄的，草软绵绵的。"我看到一位初一的同学，拿着一个纸片，两分钟就把这65个字的段落背得滚瓜烂熟。

我请他解释，他笑吟吟地说："我画的小草拦腰有一条横线，代表课文中的一句'小草偷偷地从土里钻出来'。为什么画两棵呢？因为这句后面有两个词'嫩嫩的，绿绿的'。那大小两个圆圈代表书中'园子里，田野里'，看着圆圈就会想到'瞧去，一大片一大片满是的'。"下面那几个符号他一一指着向我说明："坐着，躺着，打两个滚（两圆圈），踢几脚球，赛几趟跑，捉几回迷藏”。他又指着右边的斜线说：“这代表‘风轻悄悄的’，‘风’下歪着的小草代表‘草软绵绵的’”。

这位同学将需要记忆的资料转化成图画的方式，就是绘图记忆法，著名作家马克吐温曾经通过它解决了记不住演讲稿的难题。

我们前面讲解的很多方法，都是在脑海中浮现出图像，但是脑图会随着时间推移慢慢遗忘，所以我们需要用文字记录下记忆的方式，而另一种直观有效的方式就是绘图。

首先看看图像锁链法如何通过绘图呈现出来，以杜甫的《春望》为例：

国破山河在，城春草木深。

感时花溅泪，恨别鸟惊心。

烽火连三月，家书抵万金。

白头搔更短，浑欲不胜簪。

这首诗我们可以直接想象画面来记忆，右图是我的会员杨子悦的作品，非常直观形象地呈现出诗歌的所有意象。经过测试发现，很多学生看她的这张图两三遍，就可以很完整地背下来。

很多人看到她画得这么漂亮，觉得绘图记忆法不适合自己，其实我们绘图不是拿来当艺术品欣赏的，不需要画得多逼真多美观，只需要通过简笔画来呈现，最终的目标是帮助我们高效记忆。

杨子悦 绘（见书后彩图）

我们来看看文魁大脑《初中生全脑高效学习营》讲师吕柯姣的绘图作品。她挑选了核心的意象，并且通过锁链将彼此联系起来。“国破”她用破旧的国旗表示，它插在山的上面，山下的河流灌溉草木，草木上有正在溅泪的花，而泪水滴在惊心的鸟身上，鸟正飞向烽火台，旁边一个火柴人在给另一个人递信，另一个人则给他万两黄金，他搔着短短的头发，头发上面还插着一根簪子。顺着她的思路，可以比较容易回忆起诗歌的内容。

吕柯姣 绘

再来看看定桩法用绘图呈现的案例，这道题目是一个养生小知识，饭后不宜马上去做的事情：1. 洗澡；2. 饮茶；3. 抽烟；4. 吃水果；5. 刷牙；6. 松腰带；7. 散步；8. 睡觉；9. 开车。吕柯姣结合身体定桩法绘制出如下的图解：

吕柯姣 绘

“洗澡”画的是头顶上面滴水的沐浴头，帽子上顶着一杯茶，嘴巴里叼着一根烟，左手托起水果盘，右手拿着红色牙刷，腰上系着蓝色腰带，双脚跨开正在散步，脚下踩着睡觉的床，床下面还有两个轮子，代表着“开车”。看完之后试试回忆一下，是不是可以把这九点都想到呢？

绘图记忆法呈现的方式很多，如果知识比较庞杂，还可以使用世界记忆力锦标赛创始人托尼·博赞先生发明的思维导图，下面这张是本书下一章“记忆也要讲策略”的思维导图，由博赞思维导图管理师崔茹萍绘制。正中心是一张老师讲课的图，教鞭指向主题“记忆策略”，主题往外延伸出来明确目标、精选记忆、多感官和回忆四个主干分支，每个主干又继续延伸出下面的内容，同时对于重点内容适当配上小插图来强化记忆。

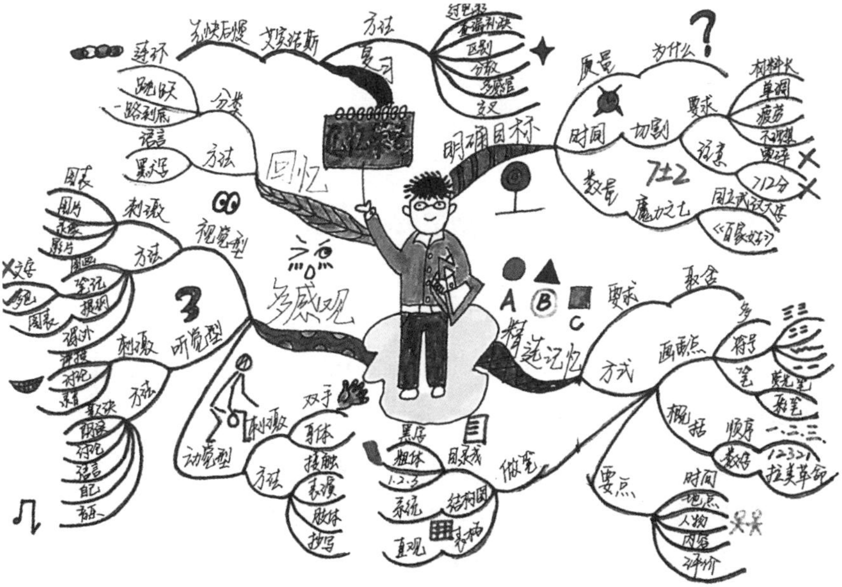


崔茹萍 绘（见书后彩图）

关于绘图记忆法，在我的另一本书《记忆魔法师》里有更深入的讲解，同时大家也可以下载简书 APP，搜索专题“文魁大脑实用记忆案例集”和“文魁大脑思维导图武林计划”，可以看到很多将记忆法和思维导图实际运用的案例。

**练习时间:**

1. 中国最著名的五座山，合称“五岳”，人们常说“五岳归来不看山”，请将五岳的方位和所在的省份记忆下来。

东岳——泰山——山东

西岳——华山——陕西

南岳——衡山——湖南

北岳——恒山——山西

中岳——嵩山——河南

2. 1860年中英、中法《北京条约》主要内容。

①清政府承认《天津条约》有效；

②增开天津为商埠；

③割让九龙司地方一区给英国；

④准许英、法招募华工出国；

⑤对英、法两国赔款各增至800万两白银。

**参考绘图**

1. 下图是武汉大学学生张水晶的作品，中间画了一座山，东边的“泰山”谐音画出一个太阳，西边的“华山”谐音画出一朵花，陕西的陕谐音为“闪”，所以花是闪闪发光的；中间的河南“嵩山”谐音后画成一棵“松”，在一条河的南边；北岳“恒山”联想到“恒心”，山西想到了煤炭，画了一些黑色的星星；南岳“衡山”想到平衡木，在一个湖的南边。

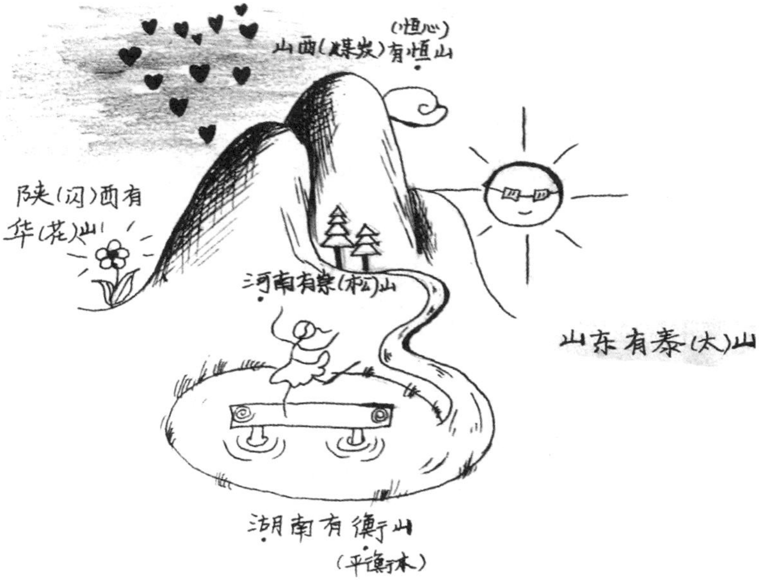


2. 下图是武汉大学学生张水晶的作品，“清政府承认《天津条约》有效”，由天津想到了狗不理包子，由“商埠”谐音想到了“伤”，包子上有一个伤口；“九龙司”联想到了酒瓶，英国画了它的国旗“米字旗”；酒瓶上贴上“招募华工”的广告，表示“准许英、法招募华工出国”；酒瓶另一边画了一些白银，代表“对英、法两国赔款各增至 800 万两白银”。

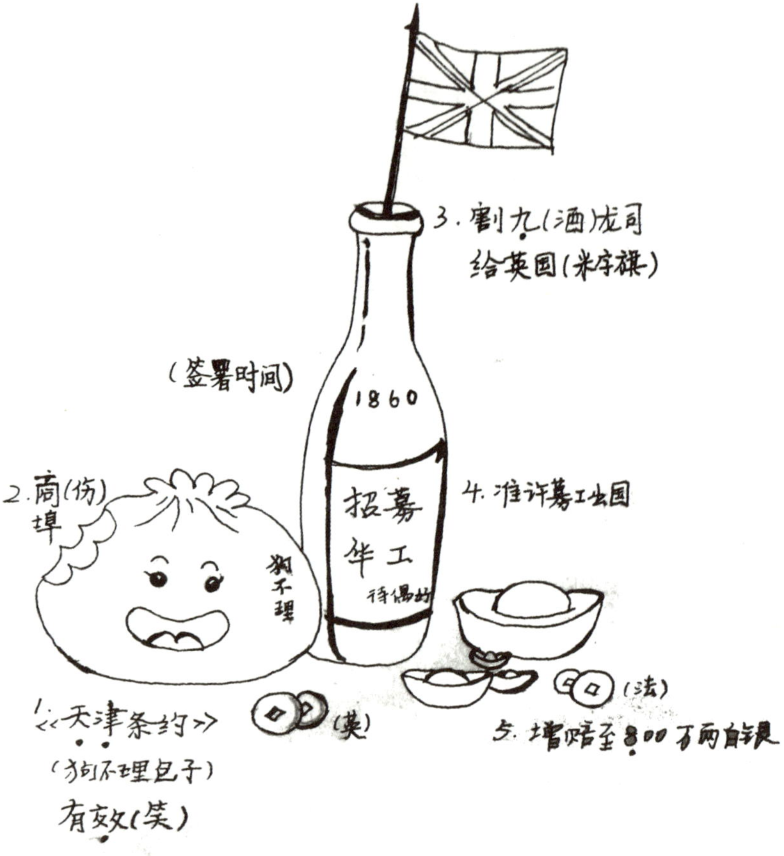
3. 割九(酒)龙司
给英国(米字旗)
(签署时间)
1860
2. 商(伤)埠
招募
华工
待遇好
狗不理
4. 准许募工出国
(法)
(英)
5. 增赔至800万两白银
1.《天津条约》
(狗不理包子)
有效(笑)

《北京条约》

# 第五章 • 记忆也要讲策略

在《最强大脑》的舞台上，选手们都是掌握了各种记忆方法的高手，短兵相接时，比的就是谁能够用更好的记忆策略，既准确又省时地完成挑战。所谓“策略”，就是首先要分析挑战项目的特点，挑选最佳的记忆方法、复习方案和提取方法，并且按照一定的步骤达成记忆目标！

比如李云龙挑战的“盲指过天桥”，120 个阶梯只有红色和绿色，其实就相当于是 0、1 组成的二进制，这是世界记忆力锦标赛的项目，120 个二进制就相当于是 40 个十进制，在 39 秒内记忆下来很充裕；另外，因为每个阶梯下面都有对应的数字，我们可以瞟一眼看看哪一个颜色较少，就将它用地点定桩法或者串烧故事法记住，这样也可以很快。选手通过对记忆材料和自身专长的分析之后，选择使用某种方法，这就是记忆的策略。如果把记忆方法比作士兵手中的武器，那么记忆策略就是将军手中的指挥图，两者结合，才能够战无不胜！

据数据调查显示，一般在小学低年级时，学生一般是采取死记硬背，到四年级特别是初中以后，有一些学生可以明确判断出什么类型的知识好记，并且对于不好记的知识会有意识地采取适当的记忆方式，并知道在恰当的时间对所记的知识进行复习，但是大部分学生仍然对于记忆策略一无所知，本章将为你揭密！

我们首先来阅读以下一篇文章，以此为例来分享高效记忆的策略。

## 15 个增强记忆力的好习惯

有人问知名的神经学家斯默尔医师：“年龄多大就太迟了？就算改变坏习惯，也不能保护自己的脑子了？”

斯默尔医师说：“请听我大声说明白：永远不嫌晚，只要今天开始改变生活形态，就可以开始修复昨天的损伤。”为了保持大脑的青春，必须改变生活形态，这些生活形态不仅可以照顾大脑，多数也能维持体能强健，不仅你的身体，连你的大脑也会变年轻。

### 1. 细嚼慢咽

日本神经内科医学博士米山公启说：“老人家愈缺少健全牙齿，罹患失智症的比例愈高。”因为咀嚼时，大脑皮质区的血液循环量会增加，而且咀嚼也会激发脑神经的活动。

### 2. 晒太阳

台中荣总老人身心科主任卓良珍也建议，预防失智要多外出走走晒太阳。因为阳光能促进神经生长因子，像“长头发”一样，使神经纤维增长。现在已经有专家研究晒太阳的量是否与失智症的发展有关，虽暂无定论，但每天接受阳光照射，至少能形成较好的睡眠模式，比较不容易忧郁。

### 3. 列清单

“无论任何年纪，健全记忆运作关键都在于注意力。”美国纽约西奈山医学院记忆增强计划执行主任史威尔医师说。他建议，借由列出工作清单，将每日工作设立一个严格的程序，无论工作困难与否，都能帮助有效完成工作。所以你可以试试规定自己中午 11 点半才读 E-mail，或是直到工作完成到某一个程度才回复一些较不紧急的电话，或是付完账单才做别的事。

### 4. 吃早餐

吃早餐不仅为了健康，也为了大脑。过去常有人说小孩没吃早餐上课无法专心，这是对的。因为大脑不具有储存葡萄糖的构造，随时需要供应热量。经过一夜之后，大脑的血糖浓度偏低，如果不供应热量，你会想睡、容易激动，也难以学习新知识。

### 5. 开车系安全带，骑车戴安全帽

头骨虽然很硬，脑却很软。无论年纪老少，脑伤对一生影响极大。你开车时不系安全带或边开边讲手机吗？请戒掉有脑伤风险的行为，也避免会重创脑部的运动。

### 6. 做家事

别小看做家事，做家事不仅要用脑规划工作次序，也要安排居家空间。晒棉被、衣服需要伸展身体，使用吸尘器也会使用到下半身肌肉。只要运用肌肉，便会使用到大脑额叶的运动区。况且，将肮脏油腻的碗盘洗干净，将脏乱房间整理清洁，成就感的刺激，也能为大脑带来快感。

### 7. 多喝水

大脑有八成是水，只要缺水都会妨碍思考。临床神经科学家、精神科医师亚蒙曾经扫瞄过一位知名的健美先生，他的脑部影像

很像毒瘾患者，但他强烈否认。后来得知他拍照前为了看起来瘦一点，曾大量失水，而扫瞄的前一天他才刚拍照。后来经过水分补充后，脑部的影像看起来正常多了。

### 8．跟人笑笑打招呼

主动和别人打招呼吧。打招呼不但有人际互动，降低忧郁症的风险，而且为了主动打招呼，要记住对方的人名与外型特征，也能提高自己的脑力。

### 9．每周走一条新路

打破旧习、尝试不熟悉的事可以激发短期记忆，建立大脑解读讯息的能力。例如尝试改变每天从家里走到车站的路线或是改变每天下车的车站，尝试早一站或晚一站下车，或改变每天坐车的时间，单是做这项，就能对前额叶产生刺激。

### 10．健走

身体懒得动对大脑很辛苦。有氧运动最好，可以使心跳加速，而且有些动作需要协调四肢，可以活化小脑，促进思考，提高认知和信息处理的速度。

有氧运动很简单，穿起球鞋出门健走即可。美国伊利诺大学研究发现，只要每周健走 3 次、每次 50 分钟就能使思考敏捷。

### 11．深呼吸

当你很焦虑时，做什么都难。美国清晰大脑网站负责人芙南达兹提供了一个取巧的冥想法：闭上眼睛，大拇指按小拇指，想象运动后美好的感觉，深呼吸 30 秒。然后大拇指按无名指，想象任何你喜欢的事物 30 秒，然后再按中指回想一个受关爱的时刻 30 秒，最后按食指回想一个美丽的地方 30 秒。

### 12. 看电视少于 1 小时

看电视通常不需用到脑，所以愈少这么做愈好。澳洲的研究人员在网络上测试 29500 人的长期记忆与短期记忆，发现记忆力较好的人每天看电视的时间少于 1 小时。

### 13. 吃叶酸和维生素 B12

这两种维生素可以控制血液中会伤害大脑的同半胱胺酸。富含叶酸的食物如四季豆、芦笋等，维生素 B12 如鲑鱼、沙丁鱼等。维生素 B12 只存在于荤食，素食者要特别通过维生素补充。

### 14. 吃香喝辣

吃咖哩可以预防失智，因为咖哩中的姜黄素是一种高效能的抗氧化剂，可以抑制氧化作用伤害细胞，还能预防脑细胞突触消失。姜黄素不只在咖哩里，也在抹在热狗上的黄芥末里。

### 15. 每天都要用牙线

美国 20 ~ 59 岁上千个个案的研究发现，牙龈炎、牙周病和晚年认知功能障碍有关。所以，听从牙医的建议，每天都要用牙线，每次刷牙的时间至少超过 2 分钟。

**现在，我们来回答几个问题：**

1. 这 15 个增强记忆力的好习惯分别是哪些？
2. 请问以下哪些是上文提到的好习惯：A. 早睡早起 B. 要吃

早餐 C. 冥想法 D. 健身 E. 吃咖哩。

3. “只要每周健走 3 次、每次 50 分钟就能使思考敏捷”这个观点，是美国哪所大学发现的？

4. 澳洲的研究人员在网络上测试了多少人的长期记忆与短期记忆，才发现记忆力较好的人每天看电视的时间少于 1 小时。

5. 请说说为什么要养成列清单的好习惯？

6. 请一字不漏地背诵出“每天都要用牙线”这个习惯的正文内容。

各位同学，你回答的结果怎么样？

你可能会发现，第 1 道题至少说出 10 个没有多大问题，但要完全按照顺序正确说出来，还是挺有难度的，而第 2 道题你则可以选择出正确的答案，这说明复述知识和判断知识有否出现的难度是有差别的；

第 3、4 题可能会出现卡壳的现象，因为名字和数字并不容易记忆，而你的焦点主要在 15 个好习惯上面，对于这些细节，你可能觉得它们并不是很重要，所以你可能有印象，也可能压根就想不起来，这说明对于同样的关注，不同材料的记忆效果也是有差别的。

而第 5 题虽然正文内容很多，你却可以基本上复述出来，但是要完成第 6 题的一字不漏复述，却是让你屡屡碰壁，这是因为模糊记忆和精准记忆是有差别的。文字较多的内容要达到精准记忆必须要经过多次重复才可以实现。

从这些区别里我们知道，我们的目标不一样，我们采取的策略也不一样，所以我们一起来看看第一个策略：明确目标！

## 第一节
## 明确目标

心理专家曾经做过一个测试，让两个即将参加中考的学生同时记忆一段材料，一个被告知仅仅是在做一个试验，另一个则被告知有可能是中考的题目。结果，第二个学生的记忆成绩远远好过了第一个学生。为什么会有这样的差异呢？这是因为记忆的好坏与是否有目标很有关系。

有目标的记忆也叫有意记忆，指的是记忆者有明确的目的或任务，并据此采取合适的方法来记忆某种材料。当我们记忆目的明确时，我们的大脑就处于高度活动状态，大脑皮层形成兴奋中枢而注意力集中，接受外来信息相对主动，大脑皮层会留下更清晰、深刻的印象。

在对一个信息进行记忆时，如果没有告诉我们检测的方式、记忆的时间和数量，我们就会不知从何下手。世界记忆力锦标赛有一个项目是虚拟和未来事件的年代记忆，类似于“1248 年，外星人袭击地球”这样的形式，比赛会提供 100 多个事件，需要在 5 分钟时间内尽可能记住更多事件对应的年代，年代在 1000 ~ 2099

之间，在答题时将所有年代都去掉，事件重新打乱顺序，然后要求在事件前写上年代，4 个数字全部正确才可以得 1 分，如果出现一处错误则扣去一半的分，不写不得分。

根据这些规则，我们就可以确定记忆的策略，因为只有 5 分钟，而且没写的不得分，所以为了记住更多，只能看一遍，记住多少算多少；因为年代在 1000 ~ 2099 之间，所以除了 20 开头的，其他的前面都一样，只需要记住后面两位即可，国外选手多数使用的数字代码为 000 ~ 999 的，记忆时只需要用数字代码和年代的关键词联想即可；因为 4 个数字完全正确才得分，每个错误的年份会倒扣 0.5 分，所以记忆时一定要准确，答题时要慎重，记不全的就不写。

通过上面的小例子，我们应该大致明白了什么是记忆策略，而明确目标就是从质量目标、时间目标和数量目标三个方面来衡量，我们一起来看看。

### 1. 质量目标

质量目标后面的问题是：我为什么要记忆这个信息？比如，你只是想了解有哪些增强记忆的习惯，然后尝试一下其中几种试试看，你就只需要记住几个你认为简单易行的习惯；如果你的目标是想把 15 个习惯按顺序背诵，你就可以使用串烧故事法、数字定桩法或者是地点定桩法等；如果你的目标是想以此为题做一个报告或演讲，恐怕你还需要把人名、地名还有一些数字，以及某些人的观点等都记个大概，需要挑选出值得你去记忆的。

当然，最痛苦的事，假设有人逼着你把这篇文章全部背诵下来，一字不漏，你就需要费一些脑细胞了，需要采取分段各个击破和及时复习等策略。我们平时背诵语文和英语文章老师会有这样的要求，有学生问我：“我们为什么要一字不漏地背诵文章呢？”我的回答是：“这是对记忆品质最高的要求，需要灵活采用记忆策略和方法，以及采取科学复习的策略，来挽救我们随时在流逝的记忆，所以一字不漏的记忆，就可以比喻成是一场与遗忘做斗争的战争。在不断打胜仗的过程中，我们的大脑进化得更加完美，它是最简单易行的健脑操。”俄国文豪列夫·托尔斯泰说：“背诵是记忆力的体操。”他每天清晨起床后都要背诵一些文章，这样才让他博闻强记，写出《战争与和平》等巨著。

### 2. 时间目标

时间目标也就是我们需要花多长的时间将材料记忆下来，以及我们要记忆的信息要保持多长的时间。如果想训练短时记忆的速度和准确率，最好给自己限定记忆的时间，我们大脑最佳的状态是适度的紧张。如果给自己 1 个小时记住这 15 个习惯，大脑没有什么压力，反而浪费了大量的时间，而给自己限定在 2 分钟，你的记忆潜能就会爆发出来，记忆速度会越来越快，效果也会越来越好！所以，平时在背书时先预估一下时间，然后用手机或者秒表倒计时，效果更好！

如果记忆材料很长，很单调，大脑皮层容易疲劳，记忆效果就不理想，如果想达到最佳的长期记忆效果，则可以考虑使用“切割学习法”。心理学家曾做过一个测试，将历史和经济的材料做实验，让被测试者读 2 ~ 4 页，共读 5 次。读法分两种，一种在 1 天读完，一种每天读 1 次，共读 5 次。然后在各种不同的时距下测验其成绩。

结果两种方法的平均数是这样的：1天读5次，第二天回忆，结果为60%；每天读1次，分5天读，次日回忆，结果为64.4%；1天读5次，1个月后回忆，结果为11.49%；每天读1次，分5天读，1个月后回忆，结果为30.59%，可见切割学习法对于长时记忆的效果非常好。但要注意，如果是少量的记忆信息，则没有必要使用切割学习法，另外也不要切割得太零碎，每次学习时间不要少于12分钟，而且间隔学习时间要在一天之内。

### 3．数量目标

数量目标指规定时间内我们记忆信息的量，比如1个小时我们可以记住多少英语单词。我们可以通过每次限定时间，不断刷新自己1小时记单词的数量，这样清晰呈现出来的进步，会让我们的记忆潜能进一步开发。这也是为什么专业的记忆比赛选手比非选手更容易坚持记忆训练的原因，因为不断在进步中积累成就感，让自己能够找到训练的乐趣！

另外，我们还可以把数量多的记忆目标细分为一些小目标，这样记忆起来会更加轻松。美国心理学家约翰·米勒曾对短时记忆的广度进行过比较精确的测定：测定正常成年人一次的记忆广度为7±2项内容，多于7项内容则记忆效果不佳，这就是“魔力之七”法则。这个“七”既可以是7个字符，也可以是7个汉字，或7组双音词、7组四字成语，甚至于7句七言诗词，是根据我们的理解水平而言的。比如“国立武汉大学”这6个字，对于刚刚会认字的小孩子来说，就是6项内容，对于知道“国立”和“武汉大学”的人而言，则只有2项内容，对于武汉大学的学生而言，则只有1项内容，因为在校门口牌坊上经常可以看到，非常熟悉。

我们在记忆时可利用“魔力之七”法则，把需要记忆的内容分成组，每一个组在 7 个以内，这样记忆起来会更加轻松。比如要记忆《百家姓》前面的 100 个姓氏，若是一个一个地记，就得记 100 组，若按“赵钱孙李，周吴郑王”这样以 4 个为一组记，则只需记 25 组，25 组与 100 组相比，记忆效率当然会提高了。对于前文提到的“15 个增强记忆力的好习惯”，我们也可以每 5 个为一组，分成 3 组，记忆起来就轻松多了。平时记忆单词时也可以以 7 个为一组，当我们通过训练对单词记忆非常熟练之后，也可以增加每组的个数。

# 第二节
## 精选记忆

爱因斯坦在读书时，他只找出能够把自己引到深处的东西，把一切使头脑负担过重和损害记忆要点的东西抛掉，这样才使他成为优秀的物理学家。他在获得诺贝尔奖时，一群年轻人想考他的记忆力，就问:“声音在空气中的传播速度是多少？”他幽默地答道：“关于这个问题，十分遗憾，确切的数字我答不上来，不过这完全可以在物理课本上找到答案，而我的头脑要留着思考书本上还没有的东西。”爱因斯坦给我们的启示是：记忆需要精选！

精选记忆是在明确目标的基础上，对记忆材料加以取舍，从而决定重点记哪些，略记哪些，这种记忆策略叫做精选记忆。据说古时候，有的人记忆力极好，甚至可以把任何文章都倒背如流，过目成诵。可是郑板桥却看不起这种人，把他们叫做“没分晓的钝汉”。怎么个没分晓？就是不分主次、轻重，不管有用、无用，一股脑儿全都背下来。

当代语言学家吕叔湘说：“各门学科都有一些基本的知识要

记住，基本公式、规律要记住，这是不错的，但是，不是所有的七零八碎的繁琐的东西都要记住。”

这当然不是给各位学生不去记东西找到借口，而是说明记忆需要有选择，牵牛要牵牛鼻子，好钢要用在刀刃上。比如，教材和笔记中很多详细的说明性文字、同一类型的很多道习题、非重点的内容、可以根据其他公式推导出来的那些较复杂难记的公式等，可以根据情况次要看待。这样，就可以拿出主要精力记忆那些对考试来说最重要、最有意义、最有价值的材料，比如说公式、定义、定理、定律等。学习好的人，往往善于抓住重点，抓住精髓，达到事半功倍的效果。

我们平时在各个科目中，其实很多也体现了精选的原则，比如化学元素周期表有很多元素，我们只记住常用元素的一些数值，圆周率非常长，我们只记住 3.1415926，一些英语单词的意思非常多，但我们只记住常用的意思，这些都是老师或者课本在帮助我们进行精选。有个学生在谈到精选记忆时说：“修辞格有几十种之多，但常用的不过十几种。在认真学习每种修辞格之后，我把常用的 12 种修辞格浓缩成顺口溜：‘比喻、借代、比拟、夸张、双关、反语、设问、反问、反复、对照、对偶、排比’，并且以这 24 个字为主，列成一张表。在编排中，除了让它好读、押韵，便于记忆外，还把容易混淆的放在一起，用箭头标出，在下边用简练的语言注上联系与区别或特性，记住了顺口溜也就记住了 12 种主要的修辞格，根据排列的位置，想到几组修辞格的异同，进而想到它们的全部特点。这样，在分析句子时就能做到条理清晰，不易混淆和遗漏了。”

精选记忆是我们运用记忆方法进行记忆的前奏，我们一般有三种方式来进行精选。

### 1. 画出重点

比如将前文的 15 个增加记忆力的习惯记忆下来并做一个演讲，我们不妨先把整章的材料看一遍，然后看下一遍时把注意力放在细节上，这一次慢慢看，并且仔细地读。找出表达的重点将它画线，或做出一些特定的记号，以便记忆的时候能很快找到它们。但是不要把整章的每一句都画上记号，画的重点太多等于没有重点，或者说还没有找到重要的概念。心理学家发现，成绩优秀的学生所画的重点往往少于成绩差的。

我们举个例子：

日本神经内科医学博士米山公启说："老人家愈缺少健全牙齿，罹患失智症的比例愈高。因为咀嚼时，大脑皮质区的血液循环量会增加，而且咀嚼也会激发脑神经的活动。"

这一个习惯用两句话来说明，关键词是"牙齿""失智症""血液循环量""脑神经"，我们可以用笔将这些词画上圈，或者是在下面画上线，让重点的信息突出出来。如果你想精准记忆下来，那么"神经内科医学博士""米山公启"也需要记忆，相比较而言，这属于其次的内容，也就是说，如果记不下来可以在演讲时替换成"据专家研究发现"，所以这个可以用另一种颜色的笔或者另一种符号来标注。我们可以用特定的符号加以区别：

－－－－重要的内容

~~~~~~较重要的内容

＝＝＝＝很重要的内容

≡≡≡≡最重要的内容

另外，我们还可以使用萤光笔或彩笔来精选，用不同的颜色来区分记忆的重点。比如特别需要记忆而又特别难记的，用红色
~~~~~~

的笔全部涂上，这样会吸引我们大脑的注意力，而对于次要一些的信息，则可以使用浅蓝色等，再次要的可以使用彩笔在下面画线。

### 2．概括重点

概括是在对材料熟悉和理解的基础上，提取出关键的信息，我们在学习过程中，经常会要求概括段落大意和中心思想，这就是有意识的概括训练。概括后信息的特点是简化、系统，大大减轻记忆负担，提高记忆效率。

（1）**顺序概括**。把识记材料按原顺序概括，记忆时突出顺序性。这样概括起来顺口，记起来方便，需要回忆时，再添上内容就行了。如：实验室制取氧气，并用排水法收集氧气的步骤概括为“一检二装三固定，四满五热六收集，七移导管八熄灯”。根据化合价写化学式的步骤概括为“一排顺序二标价，三约简再交叉”。鉴别物质的过程归纳为“一取样，二配液，三操作，四现象，五结论”。

（2）**数字概括**。如：拉美革命的过程可概括为“一场革命、二个阶段（1810 ~ 1815；1816 ~ 1826）、三个中心（墨西哥、委内瑞拉、阿根廷）、三个领导人（伊达尔哥、玻利瓦尔、圣马丁）、反对二个殖民者（葡萄牙、西班牙）、一场决战（阿亚库巧战役）”，即“123321”就可以将整个拉美革命进程完全掌握。

（3）**要点概括**。比如历史知识，对于人物、事件、著作等类别的名词，我们可以用五个要点进行概括，即：①时间；②地点；③人物；④内容；⑤评价或意义，如：《孙子兵法》可这样概括：①春秋时期；②吴国；③军事家孙武所著；④总结了前人及自己作战经验写成《孙子兵法》；⑤世界闻名的古代兵书。

### 3. 做笔记

我们学习课本知识时，重点的知识往往淹没在其中，做笔记是一种很好的提取方式。做笔记的方式非常多，在此我们分享几种：

（1）**目录式**。从课本中提取核心知识要点，一般是黑体字或者粗体字部分，或者是用1、2、3等序号标注的部分，一条条罗列下来，一般形式类似于目录，可以让我们更集中更快速找到要记忆的信息。科学研究表明，信息的排版方式对我们的记忆会产生一定的影响，集中在一起的信息比分散的更容易记住。

比如：竞争的作用有哪些？

**1）积极作用**

①给予目标和动力，激发潜能，促进学习提升；

②促使我们客观评价自己，提升自己的不足；

**2）消极作用**

①可能使获胜者骄傲，失败者自卑；

②压力可能使心情过分紧张；

（2）**知识结构图**。知识结构图是指把所学内容进行整理并绘制成比较系统完整的知识结构图示，它在心理学中被称为知识网络图。下图是小学四年级上册的数学知识的结构图。绘图时我们需要将知识的逻辑关系理清，在绘制时先在最左边写出主题，然后画一个大括号，括号后面是主题分出的重点，每个重点之后有一些并列关系的次重点，所以一张图可以很清晰地将知识间的联系表达出来。

四年级上册知识结构图

- 角的度量
  - 直线、射线、角的定义
  - 角的度量
  - 圆角
- 平行四边形和梯形
  - 垂直与平行
  - 过直线外一点画该直线的垂线怎样画平行线
  - 平行四边形和梯形

另一种比较流行的方式就是思维导图，现在包括人大附中在内的很多名校都在推广。这是重庆初中生马世超听思维导图课程绘制的课程笔记，被很多一起听课的同学保存作为复习资料。

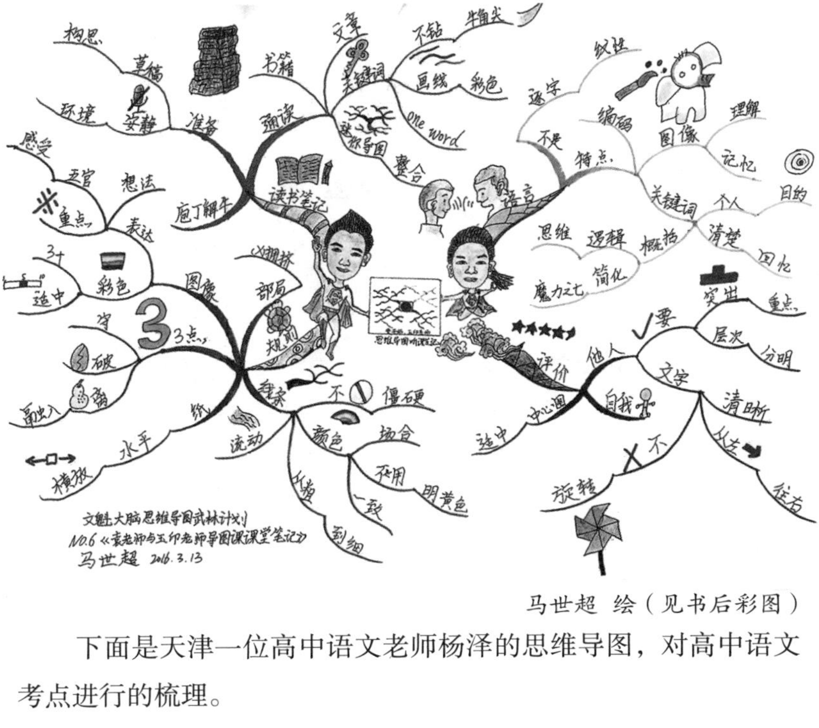


马世超 绘（见书后彩图）

下面是天津一位高中语文老师杨泽的思维导图，对高中语文考点进行的梳理。

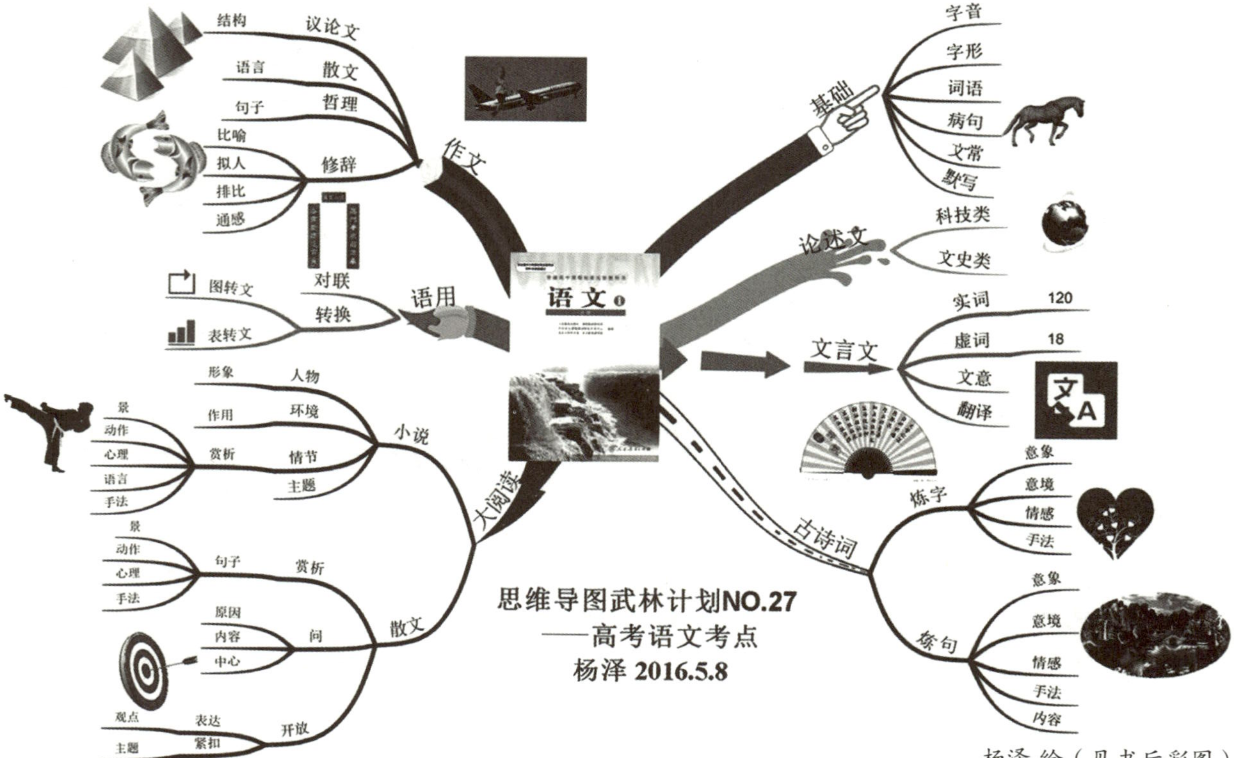

思维导图武林计划NO.27
——高考语文考点
杨泽 2016.5.8
语文 1
基础
字音
字形
词语
病句
文常
默写
论述文
科技类
文史类
文言文
实词 120
虚词 18
文意
翻译
文
A
古诗词
炼字
意象
意境
情感
手法
炼句
意象
意境
情感
手法
内容
作文
议论文
结构
散文
语言
哲理
句子
修辞
比喻
拟人
排比
通感
语用
对联
转换
图转文
表转文
大阅读
小说
人物
形象
环境
作用
情节
赏析
景
动作
心理
语言
手法
主题
散文
赏析
句子
景
动作
心理
手法
问
原因
内容
中心
开放
表达
观点
紧扣
主题


杨泽 绘（见书后彩图）

想进一步学习如何绘制思维导图，可以在公众号“袁文魁”（ID：yuanwenkui1985）下方对话框回复“思维导图”，阅读文章《告别“伪导图”，这样一步步画出标准版思维导图》，通过刘丽琼老师为我绘制的自我介绍思维导图，了解思维导图绘制的步骤。

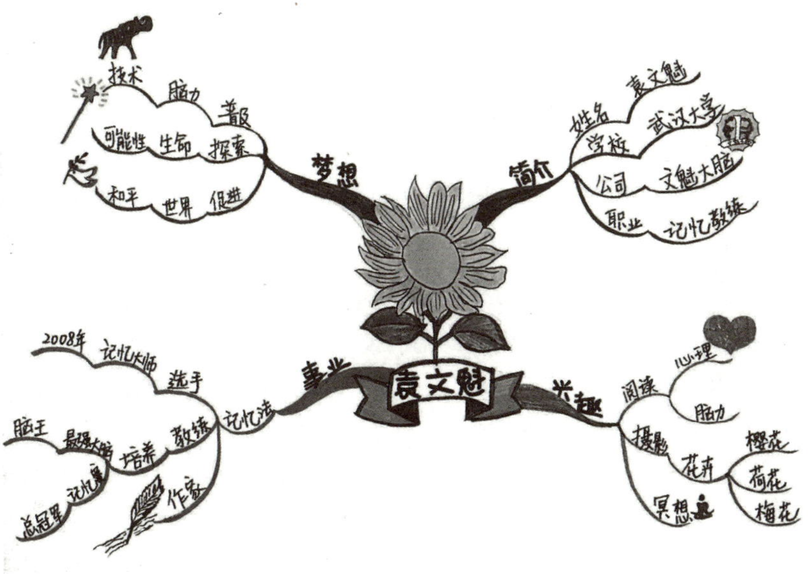


刘丽琼　绘（见书后彩图）

（3）**知识表格。**用表格的形式，更加直观地进行知识呈现，在进行知识点之间的比较时很方便。比如下表为九年级化学课本里的“物理变化和化学变化的比较”。

| | 物理变化 | 化学变化 |
|---|---|---|
| 定 义 | 没有生成其他物质的变化 | 生成其他物质的变化 |
| 常见现象 | 物质的状态、形状可能发生变化，可能有发光、放热等现象出现。 | 颜色改变、放出气体、生成沉淀等，并吸热、放热、发光等。 |
| 本质区别 | 是否有新物质生成。 | |
| 实 质 | 构成物质的分子是否发生变化。 | |

这三种做笔记的方法都建立在对材料理解的基础上，需要一定的分析和综合的能力，因此年龄偏小的读者可以借鉴一些参考书上的笔记，并且自己进行模仿、增减，使这些笔记为自己所用。使用精选笔记时，要因材料的情况而使用，很短的材料没有必要，在书上本来就比较集中的内容也没有必要。做笔记时，我们也可以用彩笔和不同的符号来突出重点。

# 第三节
## 多感官记忆

美国科学家富兰克林遇到喜欢的内容都会摘录下来，然后逐字逐句地背诵，然后再模仿原文的风格进行写作，发现不足之处便及时改正过来，所以他读过的内容都记得非常深刻。他在记忆时，综合运用了视觉、听觉、动觉等多种感官，让他可以达到更好的记忆效果。本节将为你揭密三种感官学习者如何高效记忆！

心理学的有关研究表明，运用不同的感官进行学习的效果是有差异的。一般地，只使用视觉，仅能记住材料的25%，只使用听觉，能记住材料的15%，而视听结合，则能记住材料的65%。不同的人在使用视觉、听觉和动觉上有所偏好，这种偏好导致他们在学习上有不同的表现，所应采用的学习策略也各不相同，我们根据这种差异将学生的学习类型分为视觉型、听觉型和动觉型三种。

### 1. 视觉型学习者

视觉型的学生喜欢通过图片、图表、录像、影片等各种视觉刺激手段接受信息、表达信息，他们比较擅长于观察，并且喜欢阅读，能够将文章轻松复述出来，他们的学习一般都很自信，而且具有很强的自制力，学习有自主性和计划性，有时还具有创造性。

**适合视觉型学习者的最佳学习与记忆方法是：**

（1）在记忆某些概念或知识要点时，闭上眼睛想像用图画或者实物形象来与之产生联系。

（2）在阅读或听课时边读边写，做笔记或学习卡片。这些笔记不要做成纯文字类型的，可以运用一些简笔画或不同颜色的笔。运用绘图记忆法或者思维导图，是比较不错的方式，可以参考一下我的《记忆魔法师》这本书。

（3）多用提纲或图表来预习或者复习。视觉型学生有较强的构图能力，而且这种方法能促进左右大脑的运用，可以提高他们对所学知识的理解。

（4）除了课堂学习之外，可以通过纪录片、电影、图片等多种渠道来学习课外知识。

### 2. 听觉型学习者

听觉型学习者善于通过接受听觉刺激进行学习，喜欢通过讲授、讨论、听录音等口头语言的方式接受信息。这种类型的学生上课一般都能认真听讲，能够按时完成老师布置的作业，但是他们的劣势在于过多地注意原有的知识，有时可能会影响自身潜力的充分发挥。

**适合听觉型学习者的最佳学习与记忆方法是：**

（1）用含有节奏和韵律的歌诀来帮助更快地记忆，最好把它们录下来，利用空闲的时间反复听。用耳朵听可以缓解视觉疲劳，也可以让单调的记忆变得有趣，而且不论是在走路、坐车还是睡觉前，都可以听，非常灵活。

（2）大声朗读有助于听觉型学生对概念有更好的理解。特别是在头脑不是很清楚的情况下，可以大声朗读出来，这样促进大脑的紧张，促进注意力的集中，同时自己发出声音与耳朵听到声音同时进行，两种感官同时达到了刺激。另外，捂住耳朵会达到一种很好的混响效果，也可以尝试一下。朗读时注意要有感情，最好能做到抑扬顿挫。

（3）组成学习小组，通过交谈、讨论等方法来促进学习。想要记忆更加深刻，就是在不同的场合来唤醒和强化记忆材料，通过交谈和讨论，可以加深对记忆材料的理解，同时通过互相的检测，知道自己在哪些方面有不足之处。

（4）把思考过程用语言表达出来，有助于理清思路，自动纠正错误的理解。

（5）把记忆的内容讲给自己来听。中国青年运动的先驱萧楚女，在早年求学时，每当学到一篇文章或者一本书，就会跑到校园后面一个僻静的地方，对着一棵榕树开始讲课，这种方式可以让他更好地巩固记忆，深入思考所学的内容。

（6）利用音乐来达到学习的效果。科学研究表明，音乐能够改变大脑的活动，调节精神的紧张程度，经常倾听轻松、愉快、舒适的音乐，会让大脑达到更佳的学习状态。在记忆时，适当听一些轻柔的背景音乐，会达到较好的记忆效果。

### 3．动觉型学习者

动觉型学习者喜欢通过双手和整个身体的运动来进行学习，如通过做笔记、在课本上划线、亲自动手操作等来学习。他们往往在体育、自然、课外活动等需要他们动手操作和实验的学科中表现得较为突出。

这种学习类型的学生做事一般都比较守信，而且一旦集中于某事，就会取得很好的成绩。但是由于他们的情绪不稳定，忽冷忽热，精力旺盛，建议不要将精力分散到太多的事情。

**适合动觉型学习者的最佳学习与记忆方法是:**

（1）通过接触实物，运用触觉和嗅觉等感官来学习。比如亲近大自然学习生物知识，做实验学习物理、化学知识。法国资产阶级启蒙思想家卢梭，坚持把学习到的知识付诸实践的原则，他学习音乐时，就从事乐谱的创作；学习数学时，就去丈量土地；学习药物学时，就去采药制药。

（2）通过表演和模仿来学习知识。比如在学习英语时，可以观看一些动画片或者奥斯卡获奖的影片等，模仿人物角色的发音来学习。

（3）通过肢体动作来记忆，在记忆时做出适当的手势或者身体动作，在回忆时做出同样的动作时，有助于更好地回忆出来。

（4）通过抄写等方式来学习课文，抄写时要用心去体会。我国数学家王梓坤年轻时很喜欢抄书，他抄过很多书，比如林语堂的《高级英文法》，英文的《孙子兵法》等，他认为，抄完一本书之后，他能够全面理解书中的内容，甚至书中的一些小细节都能够看得非常清楚。这种方法比读十遍书的效果还要好一些。俗话说“眼过十遍，不如笔过一遍”，手脑并用可以很好地达到记忆的目的。当然并不是所有内容都值得去抄，也不能为了抄写而抄写，现在很多老师罚学生抄写，动辄上百甚至上千遍，实际上只会让学生对记忆产生厌倦情绪。

接下来，我们就通过一个小测试，来来看看你是那种学习类型吧。

## 你是哪种类型学习者

以下各项是否与你相符合？有三个选项：

（A）经常；（B）有时；（C）从不

1. 我喜欢乱涂乱画，笔记本里常有许多图画或者箭头之类的内容。（ ）

2. 我的字写得不整洁，作业本上常常有涂黑圈的字或者橡皮擦过的痕迹。（ ）

3. 对刚买来的电器或其他新产品，我不喜欢看说明书，我喜欢马上动手试着去用。（ ）

4. 我把事物写下来能够记得更清楚。（ ）

5. 我只要听见了就能记住，无须看见或者通过阅读。（ ）

6. 当别人给我演示如何去做某事时，我的学习收获最大，而且我也会找机会试着自已动手去做。（ ）

7. 如果有人告诉我如何到一个新地方去，我不写下行走线路图就会迷路或者迟到。（ ）

8. 写字很累，我用钢笔或者铅笔写字的时候用力很重。（ ）

9. 我喜欢以尝试错误的方式解决问题，不喜欢以按部就班的方式解决问题。（ ）

10. 当我想记住某人的电话号码或者诸如此类的事情时，我得在脑子里“看”一遍才行。（ ）

11. 即使医生认为我的视力很好，我的眼睛也很容易感到疲劳。（ ）

12. 我在按照指示或说明去做事情之前，喜欢先看一看别人是怎么做的。（ ）

13. 我答题的时候，脑子里往往能“看到”答案在书中的第几页。（ ）

14. 我阅读的时候，容易把结构相似的词弄混。如“马”与“鸟”，“请”与“清”，them 与 then 等。（　　）

15. 我发现自己在学习的时候常常中断下来转而去做别的事。（　　）

16. 我在课堂上听讲的时候，喜欢聚精会神地看着课程的主讲人。（　　）

17. 我难以看懂别人的笔记。（　　）

18. 我不善于口头或书面表达。（　　）

19. 当有人在谈话或者有音乐声时，我很难集中注意力听明白某个人在说什么。（　　）

20. 如果让我选择是通过听讲座还是看书的方式获得新信息，我会选择听讲座。（　　）

21. 在陌生的环境中我也比别人不容易迷路。（　　）

22. 如果有人给我讲个笑话，我很难马上明白过来。（　　）

23. 我对听来的故事比书上看到的故事印象更深。（　　）

24. 当我想不起一个具体的词时，会用手比划着来帮助自己回忆。（　　）

25. 如果有一个安静的地方，我会把事情干得更好。（　　）

26. 一首新歌我只要多听几遍就会唱了。（　　）

27. 体育课中，我不喜欢听老师讲动作要领，而是喜欢自己先模仿。（　　）

28. 我只要观察过别人做活，无须亲自看书就能学会。（　　）

29. 看过的电影电视，我对里面的音乐音响效果比画面印象更深。（　　）

30. 别人告诉我一个电话号码，我自己不说一遍或者写一遍，一般很难记住，哪怕别人说很多遍或者写下来给我看。（　　）

31. 我读书的时候喜欢用手指或者笔指着所读之处。（　　）

32. 如果没有电视看，听广播也能让我很欢乐。（　　）

33. 我比较喜欢手舞足蹈地跟别人说话。（　　）

34. 字迹印刷得小，书上有污点，纸张质量差，或者装订不好的书或者试卷影响我的阅读情绪。（　　）

35. 我不喜欢非常安静的环境。（　　）

36. 我对记过笔记的上课内容，即使没有回头看笔记，也要比没有记过笔记的内容容易记住。（　　）

**测试结果的统计与解释：**

选（A）得 2 分，选（B）得 1 分，先（C）得 0 分。

将第 1、4、7、10、13、16、19、22、25、28、31、34 题的得分相加，记为 a；

将第 2、5、8、11、14、17、20、23、26、29、32、35 题的得分相加，记为 b；

将第 3、6、9、12、15、18、21、24、27、30、33、36 题的得分相加，记为 c；

用公式 a/(a+b+c) 计算你的“视觉”倾向权重；

用公式 b/(a+b+c) 计算你的“听觉”倾向权重；

用公式 c/(a+b+c) 计算你的“动觉”倾向权重；

一般而言，我们都是三种类型都有，当我们偏重于某一种时，可以发挥我们在这方面的特长，当然对于较弱的，我们也需要补起来，这样多感官一起运用，才能够达到最佳的学习效果。

# 第四节
## 回忆策略

记忆专家曾经做过一个实验，让三个同等条件的学生在同等时间内复习刚学过的一段内容。第一个同学把全部时间都用来阅读；第二个同学用一半时间阅读，一半的时间背诵；第三个同学用 1/5 的时间阅读，4/5 的时间背诵。时间一到，科学家对他们掌握的情况进行测试。结果，第一个同学记住了 1/3，第二个同学记住了 1/2，第三个同学记住了 2/3。我们很多同学都是和第一个同学一样，有时候整个早自习都拿来阅读，结果却没有记住，就是因为没有掌握回忆的策略。

为什么用全部时间来阅读时记忆的效果不好呢？因为读的遍数太多之后，我们的大脑会进入抑制状态，就像在吃已经嚼过的馍馍，一点儿味道都没有。而当我们尝试去回忆时，我们大脑会进入兴奋状态，需要调动我们左右脑的形象思维和逻辑思维，如果遇到卡壳现象，我们还会去拼命寻找回忆的线索，而想不起来再去看的时候，印象就会更加深刻。

作家林纾在读《史记》的时候，就是采取这种方式，读完一遍后，就把它盖上，然后默默地回忆刚才读过的内容。如果发现自己回忆不起来，就再回过头重读一遍，然后再来检查自己的阅读情况，这样达到了很好的记忆效果。

回忆策略注重的是阅读时间与回忆时间的比例，对于不同的记忆材料，也有不同的时间分配策略。对于文章而言，一篇文章在老师讲解过，对其段落大意和疑难字词都熟悉之后，我们通读一两遍便开始分段记忆，先把某一段朗读一遍，在朗读的时候需要用心，除了加入感情之外，还要在脑海中想象其画面，要思考其逻辑的层次，特别关注一些表示承接关系的词语。

我们就以前文提到的 15 个增强记忆力的好习惯中的第三个习惯“列清单”为例。“无论任何年纪，健全记忆运作关键都在于注意力。”美国纽约西奈山医学院记忆增强计划执行主任史威尔医师说。他建议，借由列出工作清单，将每日工作设立一个严格的程序，无论工作困难与否，都能帮助有效完成工作。所以你可以试试规定自己中午 11 点半才读 E-mail，或是直到工作完成到某一个程度才回复一些较不紧急的电话，或是付完账单才做别的事。”

在朗读这一段的时候，我的脑海中会浮现出这样的画面：小孩子和老年人在一起参加记忆比赛，他们的注意力都集中在比赛试题上面。比赛的地点是在美国，一个医师正在赛场边对着镜头进行着解说，接下来，他拿起了一个工作清单，每项都用一个电脑程序的图标表示着，然后一项项清单的内容被打上勾，表示已经完成了。然后，出现一个时钟显示在 11 点半，一个白领在读 E-mail，他工作到很晚才回电话，然后出去到酒吧里付账单。这样的画面会给我一个回忆的线索。

同时在想象这个画面时，我也清楚了，第一句话是医师说的，强调注意力的重要性，接下来是他的建议，要我们设定一个清单，再就是给了我们三个具体的建议。这里面，“他建议”“所以”是关键的过渡词，我们可以把这两个词圈起来。

我们在读第二遍时，就可以边朗读边回忆，也就是我们眼睛看着前方，尝试着去回忆，如果回忆不出来，就瞟一眼内容，再回忆再朗读。第二遍时，也许我们是朗读和回忆各占一半的。接下来是第三遍，也许能回忆出大部分内容，这个时候，把一些容易忘记的细节标出来，比如西奈山、史威尔，让我们的焦点放在这上面，被关注的信息更容易被回忆出来。最后，我们也许就可以百分百把内容复述出来了。

这个时候还不要得意忘形，以为大功告成了，此时大脑里产生的新的神经链还比较脆弱，遗忘的速度会非常快，我们要趁热打铁，这就是心理学上说的“过度学习”。它是指，如果把人学习某种知识掌握到当时回忆不出错的程度作为100%,那么,还需要继续努力去巩固这个知识，一般学习程度在150%以内为佳,超过它就会因学习疲劳而使效果下降，出现注意分散、厌倦、疲劳等消极反应。

当我们对这段材料记忆完毕之后，我们同样对下一段进行记忆，背完这一段，可以把前一段也复习一遍，再接着背新的内容，这就是滚动回忆策略。以背单词为例，我们以20个单词为一组，把单词分成5组，回忆策略有几种方式：

第一种：记完A组回忆A组；记完B组，回忆A组和B组；记完C组，回忆B组和C组；记完D组，回忆C组和D组；记完E组，回忆D组和E组；最后回忆A到E组。也就是我们每记忆完新的一组，就要把前面一组拿出来重新回忆，这种方法可以有效地避免遗忘，被称为“连环回忆法”。

第二种：我们不需要那么快去复习前一组，可以隔一组或者两组。比如说，记完B组只复习B组，记完C组再复习A组和C组，记完D组再复习B组和D组。这种建立在我们每一组的记忆都比较熟悉的基础上，被称为“跳跃回忆法”。

第三种方式是很多人目前采用的，风险有一些大，特别是对于组别比较多的时候。它就是记忆完每一组后只复习这一组，当所有组都记完之后，再去从头开始回忆。在我们参加世界记忆力锦标赛时，有一个项目是一小时记忆几千个数字，我们都采用的是第一或第二种回忆策略，有一位怪才苏锐乔是一次性记忆完3000个数字之后，再从头开始回忆两遍，他曾经在2009年以记对2080个的成绩打破过世界纪录。这种方式我称为“一路到底回忆法”。

在我们尝试回忆的时候，要利用未被遗忘的信息，也就是说，要借助记忆中与已被遗忘的信息有联系的重点词句来回忆已遗忘的信息。比如，回忆“吃香喝辣”这一个习惯，如果想不到举了什么东西为例，我们就可以从这个词出发，回想出与香和辣有关的东西，然后一一排除不是正确的答案，进而联想到咖喱。

另外，在出现一些信息经常被遗忘时，特别是回忆出一句话，想不出下一句是什么时，我们可以将前一句的句末与下一句的句首进行联想，比如“有氧运动很简单，穿起球鞋出门健走即可。美国伊利诺大学研究发现，只要每周健走3次、每次50分钟就能使思考敏捷。”我们可以把“可”和“美”联想在一起，想象球鞋“可美了”，这就有助于我们下次回忆时想出来。

尝试回忆可以用列提纲的方式，每一段找一个关键词写在本子上，然后根据这些关键词来回忆内容，然后我们慢慢不依赖关键词，也可以把它们回忆起来。另外，也可以采用自问自答的形式来回忆，特别是政史地的知识，我们自己问自己，然后看看自己可以得多少分，并且给自己一些小的奖励。对于英语单词，我们可以用纸遮住汉语意思或英语拼写，然后进行回忆，也可以把单词抄在小卡片上，随时随地尝试回忆。

尝试回忆除了在头脑中进行以及用语言回忆之外，还可以采用默写的方式。汉字和英语都是有形的，默写比只看或只听的效果要好一些。而且默写还可以检查出有哪些字不会写，可以及时地进行纠正，在写完后可以用红笔来给自己批改，把记漏的、记错的都标注出来，这样写出来之后，比课本上的印象还要深刻，甚至在考试时，你都可以想出来这个词在你默写本的哪一行什么位置。

# 第五节 科学复习

在很多人的想象里，最强大脑们是不需要复习的，这是大错特错的。遗忘是人类的天性，如果不经过科学的复习，记忆会随着时间的流逝而淡忘。在历史上很多伟大的人物都特别强调复习的重要性，明末清初的著名思想家、学者顾炎武，可以背诵 14.7 万字的十三经。他记忆容量大，准确度高，很大程度上取决于复习得法。据《先正读书诀》记载："林亭十三经尽皆背诵。每年用 3 个月温故，余月用以知新。"林亭也就是顾炎武。我国著名桥梁专家茅以升，80 多岁高龄还能熟练地背诵圆周率小数点后一百位以内的数。有人向他请教记忆诀窍，他的回答是："说起来也很简单，重复！重复！再重复！"

关于复习，著名的心理学家艾宾浩斯通过实验发现了人的记忆与遗忘规律。实验证明：在学习仅过了 20 分钟后，就忘记了记忆内容的 42%，1 天后忘却量已经达到了 66%，到了第 31 天，忘却量已高达 79%。他根据实验结果，绘成了著名的遗忘曲线，并表明遗忘的规律是"先快后慢"。这条规律提示我们，一定要尽早、及时地对所学知识进行复习，以便在知识还在大脑内时就加深印记，否则大脑中已经没有痕迹了，只能再费精力重学。

## 艾宾浩斯记忆规律曲线

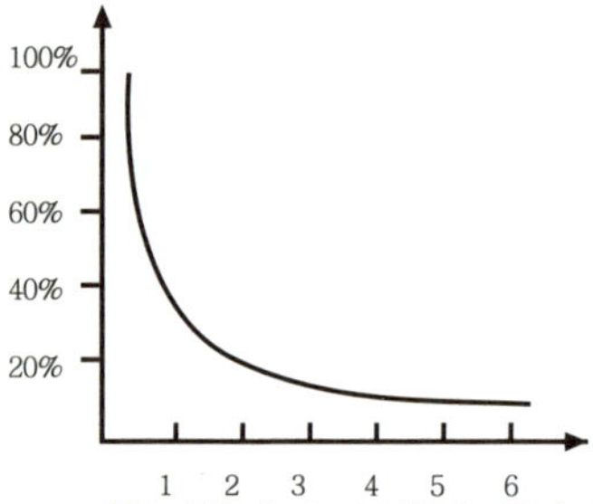


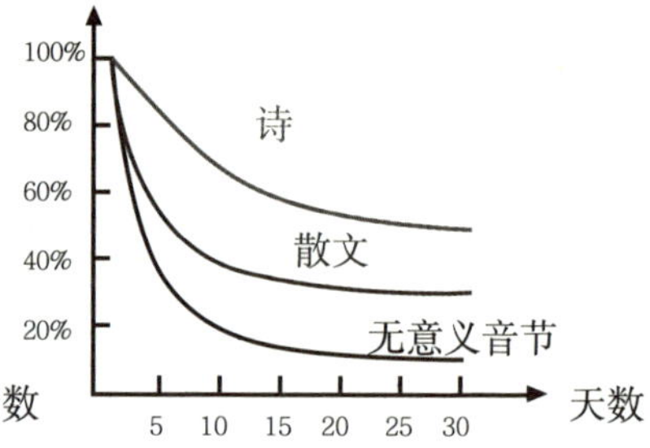


德国著名心理学家艾宾浩斯发现了记忆规律曲线，这个规律告诉我们：

| 时间间隔 | 刚刚记忆完毕 | 20分钟后 | 1小时后 | 8–9小时后 | 1天后 | 2天后 | 6天后 | 1个月后 |
|---|---|---|---|---|---|---|---|---|
| 记忆量 | 100% | 58.2% | 44.2% | 35.8% | 33.7% | 27.8% | 25.4% | 21.1% |

| 记忆内容 | 12个无意义音节 | 36个无意义章节 | 6首诗中的480个音节 |
|---|---|---|---|
| 平均重复次数 | 16.5次 | 54次 | 8次 |

因此，学习要勤于复习，而且记忆时理解的效果越好，遗忘得也越慢。

合理选择复习的时间，在适当的“遗忘临界点”及时复习，效果最佳。不及时复习固然会造成遗忘，而过多、过早的复习则是时间上的浪费，一般初次复习的时间间隔在半小时之后，但应小于16小时。根据艾宾浩斯绘制的遗忘曲线，一般来说，人们在记忆某些材料过后，在学习后的当天、第2天、第5天、第10天、第 30 天、第 60 天、第 100 天这 7 天处于“遗忘临界点”，在这些天及时复习，效果最好，效率最高。按此规律，经过大约 7 次复习，复习所用的时间也会依次缩短，甚至只要用眼或耳过一遍就行。这样先重后轻、先密后疏地安排复习，效果极佳，可以长久记住所学材料。当然，具体的“遗忘临界点”和需要复习的总次数也因人而异。

**复习时可以采取的方式大致有以下几种：**

### 1. 过电影复习法

河北省高考文科状元韩欢有这样的习惯：每天睡前，静静地躺在床上，身子不动脑子动，回忆当天学习的内容。比如老师又补充了哪些知识点，一点一点地想，如果有什么内容回忆不起来，那就第二天马上解决这些问题。在脑子里“过电影”，是一种“试图回忆”的主动性思维，它使大脑积极搜索已经记忆的东西，这种搜取的过程本身就具有加深记忆的功效。经常利用空余时间“过电影”，更容易找到记忆中的“盲点”。在回忆难以为继时，翻开课本，那么这一段知识对神经元的刺激非常强烈，因而也就容易刻入脑中。

### 2. 查漏补缺法

复习还可以看课本上当天学习的知识，此时要看的是重点和难点，也包括回忆的时候没有想起来、较模糊的“缺”点。复习时有缺漏的地方，可以在整理笔记时写出来，做上记号，以便以后复习的时候，注意这部分内容。做作业也是复习巩固的重要一环，还有就是看参考书，有些参考书里面有知识结构图等总结，也有一些对课本知识的详细讲解，在不同的地方看到同样的记忆材料有助于加深印象。

### 3. 区别复习法

特别要注意在复习时要有重点，比如在复习单词的时候，可以根据当时记忆的情况，根据其记忆的难易程度至少可以分为三级——好记的、比较难记的、很难记的，用不同的记号标记出来。比如对于比较难记的单词，我们要多花一点儿时间去复习，而已经熟悉的单词上，可以瞟一眼就过，或者是暂时先不去花时间看。然后在再次检测自己后，重新去标记那些单词，最终将这些单词都变成好记的。

### 4. 分散复习法

复习时还可以采取随时复习和分散复习策略，把比较难记的知识做成卡片，或者把单词书撕成一页一页的，或者用手机拍成图片，可以随身携带。没事儿的时候就拿出来看一看，多看几次便可以达到好的复习效果。

### 5. 多感官复习法

复习的时候也可以尝试多种感官结合，用眼来看，用口来发音，用手来写，用耳来听。我在背诵完《道德经》后，就经常听它的音频，并且默写、背诵、朗读，请人来考我，多种方式结合。

### 6. 交叉复习法

复习时可以有一些变化，不同的记忆材料可以交叉着复习，比如复习一下物理公式定理，看一看例题，然后去背一背历史的知识，或者英语单词，我们的大脑可以在不同知识间切换，就不会感觉到疲劳。当然不是说这个背五分钟，下一个背五分钟。一般至少要复习到20分钟。在复习时给自己设置一些小的鼓励或者惩罚，这样以游戏的态度来学习，效果会更好！

# 第六章 • 语文记忆法

《最强大脑》上的“虹膜识人”项目挑战者孙小辉曾经 5 小时记忆 100 首毛泽东诗词，并且对于《唐诗三百首》可以脱口而出。文魁大脑俱乐部《国学经典背诵班》学员杜星默、罗婷予等人都可以将《道德经》任意点背，随便问哪一章第几句，都对答如流。如果你也拥有像他们一样的超级记忆力，学习语文将是再轻松不过的事情！

我在高三那年重点攻破的科目是语文，我抱着一本语文基础知识的书，运用记忆法来记忆容易错的生字词、文学常识，并且每天坚持记下一条名人名言和写作素材，最终在高考时语文满分 150 分我考到了 129 分，并被武汉大学文学院录取，如今成为湖北省作家协会的会员。

汉语是我们的母语，语文不学好，对于其他科目的学习影响很大，一些理科生读不懂题目，就是语文底子太薄；其次，语文也是我们一生必备的技能，不论是与人交谈、公众演讲还是日常写作，都需要良好的语文表达能力；再次，语文也是中高考重要的科目，如果能够在日常学习中持之以恒地积累，相信一定会和别人拉开差距；最后，语文还可以陶冶情操，提升生活品位，“才如江海文始壮，腹有诗书气自华”，文学才华可以让我们变得更有气质，更受大家的喜欢。

要学好语文，只有老老实实地积累，积累就是一个记忆的过程，记忆法便能够发挥其用武之地，下面我结合读中学的学习经验以及多年教学经验，分享一些语文学科里实用的记忆方法！

# 第一节
# 如何记忆字音

在中高考试题里，选择拼音错误的汉字是必考题，我们先来测试一下，下面这五个词语中划线的字读什么？

谙熟、消弭、鏖战、菁华、暴殄

看到这些你是不是很纠结，明知道要闹笑话，却还是情不自禁想认半边？这就是记忆里的联想效应，“谙”很容易就想到“音”，“弭”也会不自觉地想到“耳”，而它们偏偏和“安”与“迷”同音，让你有被欺骗的感觉。没关系，接下来我们就一起来学习记忆方法。

## 1. 形声字的误读

我们的祖先创造了大量的汉字，形声字可是大功臣，它的家族已经占到汉字王国的九成。如果形旁和声旁结合之后，依旧全部保持原来的读音的话，那我们学习汉字真要省下不少工夫（不过也会带来更多同音的混淆），可惜的是，只有 7.17% 的声旁遇到形旁还能够将声旁的音毫无变化地传下去。比如：

亭：停 葶 婷

式：试 轼 拭

斯：嘶 厮 撕 澌

唐：糖 塘 搪 溏

有一些声旁只能在遇到特定的形旁时保持原声，遇到特殊的形旁就开始“变声”了，比如“非”，在“菲、啡、扉、霏”等汉字中还是读“非”，但“诽谤”的“诽”读三声、“痱子”的“痱”则读四声，而在古代表示偏瘫的“风痱”一词里读二声，遇到这种情况，需要特别记下来。

还有一些则连声母也变了，比如：寿（shòu）—筹（chóu）、户（hù）—雇（gù）、山（shān）—灿（càn），另一些韵母变了，比如：贝（bèi）—坝（bà）、叉（chā）—钗（chāi）、既（jì）—厩（jiù）。

最绝的就是长得像同胞，声母、韵母却全都不同，这样的汉字有没有？多着呢！我们已经司空见惯的，比如：斥（chì）—诉（sù）、寺（sì）—特（tè）、者（zhě）—都（dōu），更多的就是考试里经常出现的“地雷”，比如“谙熟、消弭、鏖战”，这个“鏖”，你是想读作“鹿”呢，还是想读作“金”？你甚至分不清哪个是形旁哪个是声旁。更让人迷惑的是，它读作“熬”，这样认字真是煎熬啊。

来看看大家都很熟悉的“出”，出嫁的“出”，你看，这些形旁嫁给了“出”，来瞧瞧生的孩子都什么样：础（chǔ）、咄（duō）、绌（chù）、拙（zhuō）、茁（zhuó）、屈（qū）、诎（qū），没一个与“出”（chū）同音的。

声旁不能准确表音，这是最容易让人误解的一批汉字，把这些汉字搜罗在一起，就是最容易读错的汉字汇编，我们要着重来看看，面对这些容易读错的汉字，如何将它一锤定音，过耳不忘，我们来看看攻略。

常见的攻略是把比较难记的单独拿出来记，我们也可以放在一起进行比较记忆，找到一些不同点，通过一个口诀或者故事编在一起，方便辨认。

就拿这个“出”的形声字为例吧，先把同音的放在一起：

础（chǔ）　绌黜（chù）　拙（zhuō）

茁（zhuó）　咄（duō）　屈诎（qū）

把不同的部分提出来，每个汉字找到一个同音字，把它们编成一个口诀：

楚（chǔ）国猴子破石出，

身着黑丝变牲畜（chù），

草里啄（zhuō）出言尸蛆（qū），

用手捉（zhuō）来口哆（duō）嗦。

这首歌诀用了同音字来帮助记忆读音，然后将形旁都编了进去，划线的部分就是，这里说明一下：“言尸蛆”是指会说话的僵尸身上长的蛆虫，是不是看到都起鸡皮疙瘩？在脑海中想象这个歌诀的画面，然后多念几遍，尝试着把这些汉字默写下来吧！

这个歌诀把汉字隐藏得比较深，我们也可以直接用拆分歌诀法，比如，石出础（chǔ），黑出黜（chù），手出拙（zhuō），草出茁（zhuó），口出咄（duō），尸出屈（qū）。

我们还可以结合汉字组的词来编，拿其中四个为例：黑心官员罢黜（chù），说不出话嘴诎（qū），丝巾上吊见绌（chù），屈（qū）膝倒地成尸。（注：“罢黜”是罢免的意思，“嘴诎”是嘴笨的意思，“见绌”的“绌”是不足的意思，在此的引申意思是丝巾不够长。）

另外，还可以尝试一下组词故事法，这里我们就挑几个难一点的，比如“绌”“黜”“咄”“诎”，可以编成这样的故事：老百姓比起咄咄（duō）逼人的官老爷相形见绌（chù），受尽了各种诎（qū）辱，都盼着他被罢黜（chù）。（注：这个“诎”和“屈”可以互通，当然它还有嘴笨等意思。）这里的故事相比歌诀没有字数和韵律等限制，更加自由，如果故事可以更加形象，记忆效果会更好！

练习时间：

（1）硕(shuò)果，颔(hàn)首，下颌(hé)，颀(qí)长，颐(yí)和园

（注：颔首：点头。下颌：口腔的下部，通称下巴。颀长：修长、细长。）

（2）缟(gǎo)素，枯槁(gǎo)，艾蒿(hāo)，镐(hào)京，嵩(sōng)山

（注：缟素：白衣服，指丧服。缟：未经染色的绢。艾蒿：草名。镐京：古都名，西周国都。）

（3）脚踝(huái)，青稞(kē)，不落窠臼(kē jiù)

（注：青稞：即“裸大麦”，大麦的变种。主要产在中国西藏、青海等地。不落窠臼：窠臼是指旧框框，老套子，现成格式。比喻有独创风格，不落俗套。）

（4）歼(jiān)灭，阡(qiān)陌，芊芊(qiān)，纤(qiàn)绳，翩跹(xiān)

（注：阡陌：田间小路。芊芊：草木茂盛的样子。翩跹：常用以形容轻盈的舞姿。）

## 2. 多音字的误读

除了形声字，还有一类汉字也比较特殊，它就是多音字，同一个汉字有好几个读音，好在多音字不算多，只占汉字的10%左右。一般原则也是记特例，“记少不记多，分数好又多”。

先来看一些只有一个特例的多音字。

熬：除“熬菜”（指由几个菜组成的大杂烩。）读 āo外，其余都读 áo。“熬汤”是 áo，“熬菜”咋就变成 āo了？针对这一特例，还得和它一起组词的字以及最终词语的意义进行联想，谁叫它遇到“菜”这个字就变音了呢。āo同音的还有“凹”，发挥一下想象力：熬的菜叶都变成了“凹”字形。

臂：除“胳臂”读 bei 外，其余都读 bì，铁臂阿童木的臂还读 bì，想象他把自己的胳臂卸下来，然后背在身后！注意哦，这个字连声调都没有。

如果你觉得想象故事麻烦，找个同音字组成短语或句子也行，叫“同音语境联想法”。

提：除“提防”读 dī 外，其余都读 tí；

在堤（dī）坝上走要提（dī）防着点儿。

勾：除“勾当”读 gòu 外，其余都读 gōu；

干你这勾（gòu）当的可真够（gòu）坏的。

**练习时间：**

（1）括：除“挺括”（挺拔，挺直平整。）读 guā 外，其余都读 kuò；

（2）纶：除“纶巾”（古代用青色丝带做的头巾。）读 guān 外，其余都读 lún；

（3）虾：除“虾蟆”读 há 外，其余都读 xiā；

（4）巷：除“巷道”读hàng外，其余都读xiàng；

（5）貉：除“一丘之貉”（丘：土山；貉：一种形似狐狸的野兽。一个土山里的貉。比喻彼此同是丑类，没有什么差别。）读hé外，其余都读háo；

（6）靓：除“靓妆”（美丽的妆饰。）读jìng外，其余都读liàng；

（7）据：除“拮据”（1.劳苦操作；辛劳操持。2.艰难困顿；经济窘迫。）读jū外，其余都读jù；

（8）槛：除“门槛”读kǎn外，其余都读jiàn；

（9）埋：除“埋怨”读mán外，其余都读mái；

（10）迫：除“迫击炮”读pǎi外，其余都读pò；

（11）胖：除“心宽体胖”（原指人心胸开阔，外貌就安详。后用来指心情愉快，无所牵挂，因而人也发胖。）读pán外，其余都读pàng；

（12）扁：除“扁舟”（小船。）读piān外，其余都读biǎn；

这种特例相对比较少，如果记住的话，中高考都会一劳永逸，生活中也会少念些白字，另外还有一些特例是两到三个组词的，可以都串在故事里面记忆，比如：丽，除“丽水、高丽”读lí外，其余都读lì。高丽是古朝鲜，丽水是浙江南部的县城，来自高丽（lí）的美丽姑娘在丽（lí）水里洗衣裳。

刚才都是多音字里面的特例，现在来看看一般情况，对付它们的手段也要有所区分，常见攻略有如下几种：

**攻略一：一般多音字在不同的情况下使用不同的读音，比如表示特殊意义、词性、用法、语境时，只要找到规律即可很快记下来。**

（1）**根据意义区分。**“晃”一般读作“hu àng”，表示“摇动”的意思，比如摇头晃脑。另外还可以读作“hu ǎng”，一般表示明亮、照耀的意思，和光影有关，所以“晃眼睛”“晃耀”都读此音，另外它还有一闪而过的意思，如：“虚晃一枪”“一晃三载”也读 hu ǎng。这是根据意思进行区分，大多数多音字可以用此方法。

（2）**根据词性区分。**“处”作名词时读作“ch ù”，如，处所、住处；动词时读作“ch ǔ”，比如处理、处分、处于。“泥”只有作名词时读作 n í，比如泥土、枣泥，其他情况下读作 n ì，表示涂抹泥的动作，以及固执、死板等义，比如泥墙、拘泥、泥古不化等。

（3）**根据用法区分。**有些字用于人名、地名就会异读，比如“丽水”和“高丽”，有些字在单音节词和多音节词里不一样，如“剥”，作单音节词时读 b ā o，剥皮、剥玉米、剥花生；在合成词中读 b ō，剥削、剥夺、剥落。另外，“削”“薄”“逮”“血”等也属于这类情况。

（4）**根据语境区分。**有些字在书面语和口语里读法不同，“翘”，口语时读 qi à o，翘尾巴、翘辫子；书面语时则读 qi á o，翘首、翘望、翘楚。“嚼”“勒”“熟”“钥”“压”等也可用此法。

**攻略二：一般多音字常用的组词不多时，可以将代表性的组词串在故事、句子或歌诀里面，一网打尽。**

绷：绷（b ě n g 板着）着脸的护士把绷（b è n g 方言，很）硬的绷（b è n g 裂开）出一条缝的绷（b ē n g 捆绑）带给病人包扎伤口。（除了句中词语外，其他均读作 b ē n g 。）

宿：大学生宿（s ù ）舍里大伙聊了一宿（xi ǔ ）关于星宿（xi ù ）的话题。（除了句中词语外，其他都读作 s ù 。）

练习时间：**（以下第一个为常见读音）**

（1）呱

[gu ā ] ①象声词：呱哒、青蛙呱呱叫。②形容好：顶呱呱。

[gu ǎ ] 聊天：拉呱儿。

[g ū ] 象声词，指婴儿啼哭声：呱呱而泣、呱呱落地。

（2）缪

[m ó u] ①修缮：未雨绸缪。绸缪：紧密缠缚。天还没有下雨，先把门窗绑牢。比喻事先做好准备工作。②缠绵：情意绸缪。

[mi à o] 姓。

[mi ù ] 错误：纰(p ī )缪。

（3）炮

[p à o] 高射炮、火箭炮、追击炮、鞭炮。

[p á o] ①炒生药，使发黄变干：炮炼中药、如法炮制。②烧，炮烙。

[b ā o] ①在旺火上快炒(肉片等)，迅速搅拌：炮羊肉。②烘，焙：把湿衣服挂在火炉边炮干。

（4）殷

[y ī n] ①丰盛、富足：殷富、殷盛、殷实。②深厚：殷切、情意殷殷。③热情、周到、细致：殷勤款待、献殷勤、殷勤诚恳。④朝代名，商朝的别称：殷鉴、殷商、殷车之鉴。

[y ā n] 黑红色：殷红、朱殷。

[y ǐ n] 形容雷声：雷声殷殷、殷殷其雷、熊咆龙吟殷岩泉。

（5）叨

[d ā o] 没完没了地说：唠叨、叨念。

[d á o] 小声絮叨：叨咕。

[t ā o] 受到(好处)：叨光(受到好处，沾光，表示感谢)、叨

教（受到指教，表示感谢）、叨扰（受到款待．表示感谢）、叨陪（沾光得以陪待）。

### 3．成语里的误读

成语就是已经定型的词组或短语，这音可不能随便读，有些历史遗留的产物也得照原声读，不这样还真不成，平时读错丢脸，考试认错丢分，搞定成语要先从读准音开始！

先看看一些成语里比较难读的字，一部分是压根就不认识的生僻字，一部分是容易认错的形声字，另一部分则就是多音字，我们重点来讲多音字。

有些多音字是古代的读音，比如：余勇可贾（gǔ），这里“贾”可不是“贾宝玉”的“贾”，只有用作姓氏时读jiǎ，古代“贾”是买或卖的意思，这个成语指的是我还有勇气剩下来可以卖给你，表示俺的实力大大的！既然把贾宝玉扯了进来，就想象贾宝玉余勇可贾吧，他举起一面超级大的鼓（gǔ），嚣张地说：“小样儿，我余勇可贾，不服，来单挑！”

虚与委蛇（wěiyí），这个成语可是和“蛇”没有一点儿关系，指的是对人虚情假意，敷衍应酬。既然这“蛇”读作“yí”，可以想到阿姨，这个阿姨表面上对客人热情得不得了，实际上心里恨不得放蛇咬别人，她随便倒了杯水和他虚与委蛇地聊天。

另一些多音字则到现在还有其他读音，比如“飞来横（hèng）祸”，这“横”一般在表示意外、蛮横时读hèng，这里自然是表示意外的灾祸。可惜没有其他汉字也读hèng，只能把相近的“恨hèn”借来用用，想象你的朋友走在路上遭遇飞来横祸，你对那肇事者真是恨之入骨啊！

另外，如果只是声调不同的话，我们可以对四个声调进行联想，一声“-”像一条直线，联想到木板、铁轨等；二声“/”呈现上升趋势，可以联想到起飞、上坡等；三声“∨”先下后上，像一个对号，或者是一个山谷、波浪等；四声“\”则呈现下降趋势，联想到滑梯、降落、下坡等。在这里“飞来横祸”可以想象汽车坠落了悬崖，向下的趋势和四声可以联想在一起。这招是杀手锏，一般时候不要轻易用。

再来看一个：大腹便便（pián），这里可不要读成了“biàn biàn”，想成大着肚子就要去便便，这就大错特错了！“便便”在此乃是肥胖的意思，“大腹便便”就是指的肚子很大，一般是贬义。这里读作了“便宜”的pián，奇怪的是在另一个成语“便（biàn）宜行事”里，却读作biàn，这里可不是说你办事时要尽量节约，要拣便宜的买，此处“便宜”指的是方便合适，成语的意思是根据实际情况或临时变化，不必请示自行决定处理的事情。我们可以记成“大腹不便便（biàn），行事不便（pián）宜”。

下面我们就列出六组含多音字的成语配对，想想怎样把它们区分开来吧。

**练习时间：**

（1）当

螳臂当（dāng）车（当：阻挡。螳螂举起前肢企图阻挡车子前进。比喻做能力做不到的事情，必然失败。）

安步当（dàng）车（安：安详，不慌忙；安步：缓缓步行。以从容的步行代替乘车。）

（2）食

箪食（sì）壶浆（食：食物；浆：汤。百姓用箪盛饭，用壶盛汤来欢迎他们爱戴的军队。形容军队受到群众热烈拥护和欢迎的情况。）

饮食（sh í ）起居（指人的日常生活。）

（3）重

安土重（zh ò ng）迁（土：乡土；重：看得重，不轻易。安于本乡本土，不愿轻易迁移。）

重（ch ó ng）峦叠障（山峰一个连着一个，连绵不断。）

（4）参

斗转参（sh ē n）横（北斗转向，参星打横。指天快亮的时候。）

参(c ē n)差不齐(长短、高低不齐。形容水平不一或很不整齐。)

（5）艾

自怨自艾（y ì ）（怨：怨恨；艾：割草，改正。自己悔恨，自己改正。现指悔恨自己的错误。）

方兴未艾（ à i）（艾：停止。事物正在发展，尚未达到止境。）

（6）为

为（w è i）虎作伥（伥：伥鬼，古时传说被老虎吃掉的人，死后变成伥鬼，专门引诱人来给老虎吃。替老虎做伥鬼。比喻充当恶人的帮凶。）

为（w é i）恶不悛（坚持作恶，不肯悔改。）

## 第二节
## 如何记忆字形

《最强大脑》虽说多是“中国好记忆”，但是对于观察力也是很大的考验，李林沛观察羊驼脚印，胡庆文辨别舞蹈动作，李威识别不同的脸谱，李璐区分出侧脸剪影，都要有一对火眼金睛，才能够从细微处发现不同。在语文学科里，我们要有微观辩识错别字的眼力，这是中高考的必考题型，你识慧眼识珠的错别字克星吗？本节将为你支招！

我们先来测试一道题目：

下列词语中，没有错别字的一组是：

A 辨别 筹码 颠簸 秣马厉兵

B 忽略 题词 肄业 优哉悠哉

C 联手 召唤 惆怅 屈意逢迎

D 伏法 寂寥 任性 对薄公堂

你瞧出来那些深藏不露的错别字了吗？词语最忌讳的就是望文生义，“优哉悠哉”应该是“优哉游哉”。优：舒适美好；游：各处从容地行走。虽然意思是悠闲的样子，可是成语里没有“悠”

字哦，从《诗经》里出生时就没有。

“屈意逢迎”应该是“曲意逢迎”，曲意：违背自己的意愿；逢迎：迎合。指的是想方设法奉承讨好别人，而不是委屈自己的意愿哦。

“对薄公堂”应该是“对簿公堂”，簿：文状、起诉书等；对簿：受审问；公堂：旧指官吏审理案件的地方。在法庭上受审问。这个成语经常被误解为“打官司”，因为很容易联想到两个人拿着起诉书在公堂上相对而立，互相指责，但此处需要想象一个犯人在公堂上受审问时的情景。

据《咬文嚼字》杂志统计，每年中高考出镜率最高而出错率也最高的是以下汉字：松驰（弛）、既（即）使、渲（宣）泄、九洲（州）、挖墙角（脚）、渡（度）假村、一幅（副）对联、穿（川）流不息、再接再励（厉）、谈笑风声（生），括号里的为正确的字。可以发现，一般都是同音字和形近字。对于同音字，我们需要区分不同汉字的意义差别，并依此结合词语意义来区分，实在难以区分时，再结合我们右脑的想象力来区分。

而极易混淆的形近字大致可分为五种情况：一是读音相同相近，如“食不果腹”误为“食不裹腹”，“粗犷”误为“粗旷”；二是字形相似，如“气概”误为“气慨”，“辐射”误为“幅射”；三是意义混淆，如“凑合”误为“凑和”，“针砭”误为“针贬”；四是不明典故，如“墨守成规”误为“默守成规”，不知道“墨”指战国时的“墨翟”，“黄粱美梦”误为“黄梁美梦”，不知道“黄粱”指的是做饭的小米；五是忽视语文法规，如“重叠”误为“重迭”，“天翻地覆”误为“天翻地复”，其实早在1986年重新公布《简化字总表》时，“叠”“覆”二字已经恢复使用。又比如“大拇指”错成“大姆指”，这是过去学生中高考中出错率最高的字。

要想辨析清楚形近字，需要熟悉成语的典故和意义，知晓《简化字总表》的特殊规定，结合对汉字意思的理解，先进行强化记忆，如果出现特别难以辨别的，可以用联想编故事的方式来记忆。比如有些错别字放在词语中时，也可以将词语解释得通，并且让人觉得解释得很合理，由此判断它是对的，而实际上却恰巧是错的，所以对于这类词很难找出错别字，对这类词该怎样记忆才不至于混淆呢？

例如："凭心而论"，很容易解释成：凭着良心来评论。这解释貌似天衣无缝，所以很多人误认为这词中没有错别字，但实际上，没有"凭心而论"这种说法，正确的词语是"平心而论"，成语意为：心平气和地谈论。我们可以发挥想象来区分，"平"想到邓小平，想象邓小平爷爷心平气和地和你谈论学习问题。

又如："本相必露"，把它解释成本相一定会暴露，也解释得通吧。正确的词应是"本相毕露"，"毕"为全部的意思，成语意为：本相全部暴露。可以想象毕加索用画笔把恶人的本相全部暴露出来啦。

**下面这些词大家可以看看解析（括号内为正确的字）：**

哀（唉）声叹气

解析：想象自己爬埃及金字塔爬得直叹气，太高了。

搬（班）门弄斧

解析：这个班是指"鲁班"，在鲁班门前去耍斧头，那是自取其辱嘛，而不是说大力士去"搬门"！

爱护倍（备）至

解析：想象刘备对手下都是爱护备至。

沿（缘）木求鱼

解析：想象化缘的和尚在树上找鱼。

练习时间：

（1）按步（部）就班（部，门类；班，次序。指按其门类，就其次序，比喻学习要循序渐进，做事要遵循规章。）

（2）别出新（心）裁（心裁，心中的设计筹划。）

（3）毕（筚）路蓝缕（筚路，柴车；蓝缕，破衣。意指驾着柴车，穿着破旧衣服去开辟山林，形容创业艰辛。）

（4）变本加利（厉）（厉，通“砺”，在成语里当“更加深一层”或“更加严重”讲。）

（5）不可明（名）状（名，说出；状，形容、描述。指无法用语言来形容。）

（6）不加（假）思索（假，依靠。指不经过思考就作出反应。）

（7）不茅（毛）之地（形容贫瘠的土地或荒凉的地区。）

（8）不径（胫）而走（胫 jìng，小腿。指没有腿却能跑，比喻事物不待推行就迅速传播流行。）

对于上述成语，除了运用意义和想象进行区分，善用成语的结构进行区分也是一种方式，比如这种 ABAB 式的成语，像“纷至沓来”，“至”和“来”都是动词，彼此相对应，而“纷”和“沓”也是彼此对应，词性相近，而不是“踏”。类似的成语有风驰电掣、痛心疾首、文过饰非、时移世易、兴尽意阑、山清水秀、南辕北辙等。

# 第三节 如何记忆文学常识

“陶渊明，一名潜，字元亮，世称靖节先生，自号五柳先生。东晋末年著名诗人，也是我国第一位田园诗人。代表作有《桃花源记》《归去来兮辞》《五柳先生传》《归园田居》等。”看到这个，你一定不会陌生，这就是我们语文里常见的文学常识，它包括作家、年代、作品，文学中的地理、历史各种典故，还包括一些文学流派和文学事件，比如“新月派诗歌”“白话文运动”等。文学常识是学习语文的基本功，其知识点非常繁多而琐碎，需要在平时多下一些功夫，我们可以结合多种记忆方法进行综合记忆。

## 1. 串烧故事法

这种方法可以用来记忆作家的多部作品，以及历朝历代的合称、并称等。

**（1）老舍的代表作有：**《骆驼祥子》《四世同堂》《龙须沟》《茶馆》

故事：老舍骑着骆驼带着自己四世同堂的家族到龙须沟的茶馆里喝茶。

（2）**宋代中兴四大诗人：**陆游、杨万里、范成大、尤袤。

故事：范伟成天说大话，说他在尤其广袤的大陆上遨游，骑着杨树飞了一万里。

（3）**临川四梦：**《牡丹亭》《紫钗记》《邯郸记》《南柯记》

故事：南柯先生做梦到邯郸去学步，摔倒了将紫钗扎中了牡丹亭。

（4）**杜甫的"三吏三别"：**《石壕吏》《潼关吏》《新安吏》《新婚别》《垂老别》《无家别》。

故事：杜甫在一个石壕里将儿童关起来，派一个新的保安看守，保安从新婚一直看守到垂老仍然无家可归，别提多伤心啦！

## 2. 歌诀记忆法

这种方法可以用来记忆作家的作品，以及历朝文学的成就等。

**（1）欧阳修及其作品知识口诀**

欧阳修，北宋人，

文学家、史学家，

字永叔，号"醉翁"。

六一居士是其人，支持仲淹被贬黜。

《醉翁亭记》《（欧阳文）忠公（文）集》，（写）景叙（事）抒情熔一炉。

秀丽环境精笔描，自然风光变化多。

勾勒与民同乐图，抒发作者政（治）理想。

排遣抑郁复杂情，与民同乐是主旨。

**（2）鲁迅及其作品知识口诀**

鲁迅本名周树人，八一出生三六卒。

生于浙江绍兴市，伟大文思革命家。

《呐喊》《彷徨》小说集；《朝花夕拾》散文集；

散文诗集有《野草》；《且介亭杂文》杂文集。

**（3）唐代文学的特点及成就**

唐代鼎盛气如山，“初唐四杰”不平凡：

王杨卢骆创格律，律诗、绝句要记全。

浪漫诗人推李白，一路高歌《蜀道难》。

现实主义有杜甫，“三吏”“三别”不一般。

乐天倡导新乐府，“琵琶”“长恨”留名篇。

田园诗派有王孟，高、岑诗歌唱塞边。

中唐李贺多奇丽，贾岛“推敲”传世间。

晚唐崛起“小李杜”，此后衰败如尘烟。

韩柳古文创新体，《阿房宫赋》唱千年。

唐代传奇已成熟，代表作推《柳毅传》。

### 3．归纳比较法

这种方法将同类性质的文学常识放在一起识记，达到区分和串记的目的。

**（1）我国古典文学之最**

《诗经》是我国最早的一部诗歌总集。

《史记》是我国第一部纪传体通史，作者是西汉著名史学家、文学家司马迁。

《资治通鉴》是我国第一部编年体史书，作者是北宋史学家司马光。

《离骚》是我国第一首优秀的长篇抒情诗，作者是战国时楚国的伟大诗人屈原。

《论语》是我国第一部语录体散文，作者是孔丘的弟子及再传弟子。

《春秋》是我国第一部私人编撰的史书，作者是孔丘。

**（2）历代优秀作家的号**

陶潜号五柳先生，李白号青莲居士，杜甫号少陵野老，白居易号香山居士，李商隐号玉溪生，贺知章晚年自号四明狂客，欧阳修号醉翁、晚年又号六一居士，王安石晚年号半山，苏轼号东坡居士，陆游号放翁，文天祥号文山，辛弃疾号稼轩，李清照号易安居士，杨万里号诚斋，罗贯中号湖海散人，关汉卿号已斋叟，吴承恩号射阳山人，袁枚号随园老人。

# 第四节 如何记忆诗词文章

背课文是学生时代少不了的功课，它可以训练我们的记忆力，还可以提高语言文字能力，扩大知识面，提高审美能力，陶冶情操，能够应景地脱口而出一些诗词文章，绝对是一件很酷的事情。

因为中国汉字博大精深，涉及古今不同的表达方式、语法特点以及作者的风格、文章的体裁等，所以记文章也没有包打天下的妙方，下面我们就如何记忆文章进行一下探讨。

## 1. 写景状物的诗文如何背

有些诗文的景物描写如诗如画，人物刻画栩栩如生，很自然就会在头脑中浮现出画面，从而产生联想记忆，我们可以用情境再现法，在大脑中放映出这些画面。比如徐志摩的《再别康桥》：

轻轻的我走了，
正如我轻轻的来；

我轻轻的招手，
作别西天的云彩。

那河畔的金柳，
是夕阳中的新娘，
波光里的艳影，
在我的心头荡漾。

软泥上的青荇，
油油的在水底招摇；
在康河的柔波里，
我甘心做一条水草！

那榆荫下的一潭，
不是清泉，是天上虹；
揉碎在浮藻间，
沉淀着彩虹似的梦。

寻梦？撑一支长篙，
向青草更青处漫溯，
满载一船星辉，
在星辉斑斓里放歌。

但我不能放歌，
悄悄是别离的笙箫；
夏虫也为我沉默，
沉默是今晚的康桥！

悄悄的我走了，
正如我悄悄的来；
我挥一挥衣袖，
不带走一片云彩。

熟悉朗诵之后，我们根据诗歌的节奏和感情，边朗诵边浮想出画面。在脑海中想象徐志摩轻轻地踮着脚尖往前走，像一阵清风徐徐地飘来，然后他又回转身来，轻轻地举起了手，和西天的云彩招手。镜头扫向他身边的一条河，在河边有一棵柳树闪着金光，一个新娘的倒影映在波光里，让他的一颗心飞出来在空中荡漾。接下来镜头对准水里，软泥上的青荇，泛着油光摇动着，然后想象徐志摩变小，进入康河里变成了一条水草。

吕柯姣 绘（见书后彩图）

在脑海中情境再现时，注意时空的关系，注意上下文的联系，对于一些关键词，比如每句的开头或者比如容易记错的词，可以在图像中多加强调。我们还可以结合绘图记忆法，运用一些简笔画将它画出来，顺着诗歌的思路并结合这张图，尝试将它记忆下来。

古诗里这样的例子更是数不胜数，比如辛弃疾的《破阵子》：

醉里挑灯看剑，梦回吹角连营。八百里分麾下炙，五十弦翻塞外声，沙场秋点兵。

马作的卢飞快，弓如霹雳弦惊。了却君王天下事，赢得生前身后名。可怜白发生！

这首词的作者辛弃疾 20 岁就参加抗金起义，失败后回到南宋当官，但他收复中原的主张受到排斥，闲居 20 多年不得重用。这首诗是他失意闲居信州时所作，抒写了他梦寐以求、终生不变的抗敌救国的理想，抒写了壮志难酬的悲愤心情。

我们想象辛弃疾在夜晚借酒浇愁，在酒醉之时拨亮灯火，久久地端详着曾伴随自己征战的宝剑，在睡梦中他飞回到军营，那里响起了嘹亮雄壮的号角声，将士们都出来集合，他把大块儿的烤牛肉犒劳他们，军乐队奏着高亢激越的边塞战歌。在秋风猎猎的战场上，他检阅着各路兵马，准备出征。将士们骑着骏马飞奔，拉开强弓万箭齐发。他率领将士们打败了敌人，完成了收复中原、统一祖国的伟业，身前和身后有很多人竖起了大拇指。他对着镜子看到自己的白发，不禁感叹：“可怜白发生。”

我们再看看下面文魁大脑“大脑赋能乐学营”讲师向慧的这幅图，如果有些内容想不起来，可以把它圈出来强化记忆，多次复习之后，相信你就可以把它记忆下来。

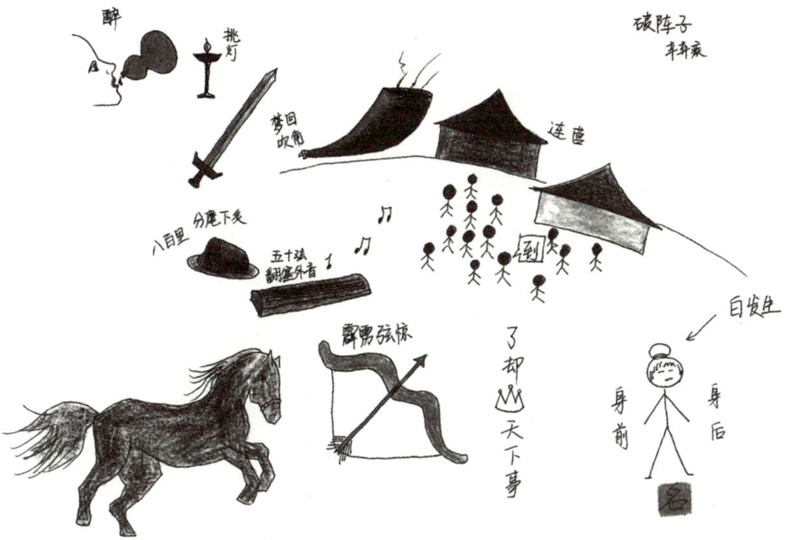


向慧 绘

## 2. 排比句多的诗文如何记

排比是一种富于表现力的修辞方法，多用于说理或抒情。用排比说理，可以把论点阐述得更严密更透彻；用排比抒情，可以把感情抒发得淋漓尽致。然而，排比句彼此之间是并列的关系，可能缺乏内部的逻辑联系，这样在记忆时会出现顺序混淆的情况，我们一般可以挑选关键词，使用图像锁链法、串烧故事法或者字头记忆法。

我们来看看著名诗人舒婷的《祖国啊，我亲爱的祖国》：

我是你河边上破旧的老水车  
数百年来纺着疲惫的歌  
我是你额上熏黑的矿灯  
照你在历史的隧洞里蜗行摸索  
我是干瘪的稻穗，是失修的路基

是淤滩上的驳船
把纤绳深深
勒进你的肩膊
——祖国啊！
我是贫穷
我是悲哀
我是你祖祖辈辈
痛苦的希望啊
是“飞天”袖间
千百年未落到地面的花朵
——祖国啊！
我是你簇新的理想
刚从神话的蛛网里挣脱
我是你雪被下古莲的胚芽
我是你挂着眼泪的笑涡
我是新刷出的雪白的起跑线
是绯红的黎明
正在喷薄
——祖国啊！
我是你十亿分之一
是你九百六十万平方的总和
你以伤痕累累的乳房
喂养了
迷惘的我、深思的我、沸腾的我
那就从我的血肉之躯上
去取得

你的富饶、你的荣光、你的自由

——祖国啊，

我亲爱的祖国！

舒婷是朦胧诗派的代表作家之一，在诗中她把祖国比拟为伤痕累累的母亲，以赤子之情向母亲倾诉内心的痛苦，表达为祖国的未来而献身的激情和决心。诗人反复运用“我是……”的句式，在向祖国的深情诉说里，融个体的“我”于祖国的大形象里，表达了“我”与祖国生死相依、血肉相连的情感。

诗人在诗中排列了一系列意象，第一节中就有：水车、矿灯、稻穗、路基、驳船，这些意象跳跃性比较大，我们可以通过图像锁链法将其建立联系，想象在水车上面挂着一个矿灯，矿灯照亮着稻田里的稻穗，稻穗倒下来压到了路基上面，路基的尽头是一只驳船。这样我们就可以将五个意象的顺序记得更牢固。

第三节也有很多意象，从“神话的蛛网里挣脱”的“理想”“古莲的胚芽”“挂着眼泪的笑涡”“新刷出的雪白的起跑线”“绯红的黎明正在喷薄”，我们可以用一个情境故事将它串起来，由“理想”谐音想到电视节目主持人李响，他从蛛网里挣脱下来，吃了一个古莲的胚芽，然后脸上露出了笑涡，他很有力量了，于是在起跑线上跑起来，在终点绯红的太阳正在升起来。

第四节，“迷惘的我、深思的我、沸腾的我”，我们可以用字头法，变成“迷深沸”，形象一点儿就是，米从生的煮沸了。“你的富饶、你的荣光、你的自由”用字头法是“富荣自”，形象一点儿就是，富贵荣华都是自己的。

### 3. 议论文如何记

议论的文章，根据文体的特点，我们一般会先对文章进行分析，明白其主要论点是什么，分论点是什么，论据是什么，论证的方法是什么，然后绘制出文章的结构图，以这张图来作为骨架，在这个基础上填充细节内容，直到将文章全部记下来。

我们来看看孟子的《鱼我所欲也》（节选）：

鱼，我所欲也，熊掌，亦我所欲也；二者不可得兼，舍鱼而取熊掌者也。生，亦我所欲也，义，亦我所欲也；二者不可得兼，舍生而取义者也。生亦我所欲也，所欲有甚于生者，故不为苟得也；死亦我所恶也，所恶有甚于死者，故患有所不避也。如使人所欲莫甚于生，则凡可以得生者，何不用也？使人之所恶莫甚于死者，则凡可以辟患者，何不为也？由是则生而有不用也，由是则可以辟患而有不为也。是故所欲有甚于生者，所恶有甚于死者。非独贤者有是心也，人皆有之，贤者能勿丧尔。

这是一段非常精彩的议论文，中心论点是“生，亦我所欲也，义，亦我所欲也；二者不可得兼，舍生而取义者也。”这个论点是由“鱼”和“熊掌”的比喻引出来的。接下来又使用对比论证，先从正面来说，因为人都有“欲生而不为苟得，恶死而有所不辟”之心，即“羞恶之心”；又从反面来说，如果人只是欲生恶死，那就会不顾礼义，什么事都做得出来。因此，重要的是，求生避患不能违背“义”的原则。

下面就是这一段的结构图，以这张图为线索，再结合译文以及排比句记忆的方法，我们可以尝试着把这篇文章记忆下来。

### 论证思路

《鱼我所欲也》（第一段）

- 提出观点：舍生取义（比喻论证、类比论证）
- 阐述观点：（对比论证）
  - 正面：为义不苟且偷生，不避患
  - 反面：用不义的手段而得生避患
- 归结：人皆有是心也，贤者能勿丧耳

## 4. 记文章还有哪些方法

（1）**关键词线索法。**比如我们背诵《孔雀东南飞》的开头，可先写出："十……素""十……衣""十……篌""十……书""十……妇"，再补背（写）出："十三能织素""十四学裁衣""十五弹箜篌""十六诵诗书"，"十七为君妇"。这种从字词到句子再到篇章的方法对于联想能力不好的学生很有帮助。

（2）**诵读记忆法。**宋朝教育家朱熹说："要读得字字响亮，不可误一字，不可少一字，不可多一字，不可倒一字……要多读数遍，自然上口，久远不忘。"诵读需要抑扬顿挫，以声音调节增加吟咏的音乐性，有些诗歌和韵文，比如《陋室铭》，通篇押韵，只要找到节奏多加诵读，便可以自然记住。

（3）**抄写记忆法。**这是最传统的方式，但也很有效，抄写时要眼睛看着，心里想着意境，嘴里默默读着，抄写不可过快，字不要太潦草。有些对比或者排比的句式，我们可以通过字体的大小和颜色，将不同点突出出来。对于一些过渡词，比如"虽然""然后""也"等，也可以特别加以区分。抄写的时候，还可以偶尔加一些小插图。

（4）**定桩记忆法。**如果诗歌或者文章特别长，可以使用定桩法来辅助，比如《长恨歌》有60句，就可以用数字定桩或者地点定桩。在定桩之前需要熟悉文章的内容，在熟读的基础上挑选里面的关键词，切不可过多使用谐音等方式，以免曲解文章意思。要想达到表演的点背，即随便点哪一句都可以说出来，如果是用的地点定桩，可以每隔5个桩子将数字代码图像放在那里，这样当点到17句时，可以先快速找到15的代码，然后往后数两个地点即可。用这种方式，记忆大师们可以将《道德经》《孙子兵法》《论语》等倒背如流。

# 第七章·文科记忆法

《最强大脑》上以坚持“科学是我评判的唯一标准”的Dr.魏为代表的理科生，和感性温情、人文底蕴深厚的梁冬为代表的文科生数次展开对峙，火药味弥漫，让“文理科之争”又一次成为社会热议的话题。

相比较而言，文科生更需要强大的记忆力，比如《最强大脑》第三季中武汉大学选手刘会凤，据她高中班主任、长阳一中方军老师回忆：“刘会凤在高中时已显现出过人的记忆能力，文科需掌握的知识很快就能熟记。”而全球脑王陈智强在中考时就用记忆方法背历史和政治，甚至能将内容所在的页码都记忆下来，所以在中考的时候也拿到了高分，到高中学习以后，他把记忆和理解结合起来，在学习中对自己的帮助非常大。录制《最强大脑》和参加世界记忆力锦标赛，他断断续续请了三个多月假，最终回去考试依然是班级第一名。

我是运用记忆法考上名校武汉大学的，我是怎样学好文科的呢？当时我看到一本《魔幻记忆100%》的书，于是经常用书里提到的方法来记忆，比如用图表、框架图等来归纳整理政史地知识体系，运用故事、口诀、联想等各种方式来记忆知识点，并且将其录制成了20多盘磁带来反复听，这些工作虽然要额外花一点儿时间，但是让我很快对厚厚的几十本书烂熟于心，答起题目来信手拈来，最终高考成绩还算不错！本章我就将为你分享一些我曾经使用过的记忆方法。

# 第一节
# 历史记忆法

历史是一个很考验学生记忆力的科目，经常有历史系大学生感叹："不学历史，不知道记忆力差。"要在上下五千年的中外历史里记住浩如烟海的琐碎知识，需要综合运用记忆里的"降龙十八掌"，针对不同的记忆材料特点采取恰当的记忆方法。以下是结合我在学生时代的记忆方法，并综合了一些历史老师的研究成果后，总结提炼的一些记忆方法，供大家们参考，方法是基础，训练是王道，愿你记忆历史变得更轻松！

## 1. 巧记历史年代

在学习历史时，很多同学对于历史年代非常头疼，经常抱怨："我把那些历史事件记住不就得了吗？干嘛要这么准确地背这些年代，太难记了。"但是历史年代就像是地球上的经纬度一样，是历史事件发生最重要的因素之一，孤立于年代来谈事件，无亦于空中楼阁。其实只要掌握了好的记忆方法，相信历史年代对于大家来说也是小菜一碟。具体记忆方法有很多。

（1）联系史实法

历史年代看似是没有意义的数字，却一定程度上有意义。比如，不论 1949 这四个数字出现在哪里，你都会联想到中华人民共和国成立。记历史年代一定要与该年发生的历史史实联系起来，在学习时可以把同一年的事件写在一起，特别要注意不同事件之间的联系，比如由这个事件引发了另一个事件。另外在回忆时，比如我们知道太平天国金田起义是在鸦片战争之后，那么回忆时就会在 1840 年之后去想，而不会超过这个界限。

另外，也并不是所有的历史事件都要记忆，一些关键性的事件，比如一些朝代的起始年代详写，世界近代史中 1640 年（英国资产阶级革命爆发）、1775 年（北美独立战争爆发）、1789 年（法国大革命爆发）、1848 年（《共产党宣言》发表）、1871 年（法国巴黎公社革命）、1905 年（俄国革命开始）、1914 年（第一次世界大战爆发）、1917 年（俄国十月社会主义革命）等，抓住了这些重要的年代，其他年代可以在熟悉史实的基础上推导出大致的年代来。

（2）特征观察法

这种方法需要我们寻找数字在排列上的某种特征规律，抓住特点就相对好记了。但是这并不是一种主流的历史年代记忆法，因为有特征的年代毕竟是少数。

①整数、重复、对称

公元前 1600 年 商朝建立

公元前 1300 年 商王迁都殷

222 年 吴国建立

1616 年 努尔哈赤建立金

1881 年 苏丹马赫迪反英大起义

616 年 瓦岗军起义

②顺序、数列

1234 年 蒙古灭金

1789 年 法国资产阶级革命开始

③数学计算

公元前 525 年 波斯征服埃及（5 的平方是 25）

636 年 阿拉伯与拜占廷会战（6 的平方是 36）

1644 年 清军入关（16=4×4）

**（3）谐音联想法**

105 年（要领悟）蔡伦改进造纸术（要领悟蔡伦造纸术的精髓。）

184 年（要罢市）张角领导黄巾起义（张角要罢市去领导起义。）

208 年（儿领爸）赤壁之战（儿领爸去看《赤壁》。）

1662 年（一溜溜儿）郑成功收复台湾（郑成功一溜溜儿就把台湾收复了。）

**（4）编码联想法**

使用数字编码来联想记忆，是我们参加世界记忆力锦标赛使用的方式，有选手通过这种方式 5 分钟可以记忆 130 个历史年代。如果我们熟练掌握数字编码，任何历史年代对你而言都是小意思。

1689 年 中俄签订《尼布楚条约》（用石榴 16 蘸着芭蕉 89 汁在尼龙布上签条约。）

1839 年 林则徐虎门销烟（林则徐从腰包 18 里掏出三角尺 39，用它来销毁鸦片烟。）

1951 年 西藏和平解放（工人 51 拿着衣钩 19 和平解放了西藏。）

（5）以熟记新法

①根据熟知的历史年代

知道 1818 年马克思诞生，恩格斯比马克思小两岁，即 1820 年诞生；列宁又比恩格斯小 50 岁，即是 1870 年。

②根据熟悉的人物时间

以自己喜欢或熟悉的人物生日等特征时间为基数来推导。假设你爸爸生于 1966 年，这一年中国第一颗装有核弹头的地地导弹飞行爆炸成功，文化大革命也爆发了；爸爸 1 岁时，第一颗氢弹空爆试验成功；爸爸 10 岁时，周恩来、朱德、毛泽东逝世，唐山大地震！

③根据熟知的数字代号来联想记忆

公元前 119 年，张骞第二次出使西域。119 可以联想到火警，张骞第二次出使西域时遇到了火灾，拨打了火警电话。

前 120 年，万神殿建立。120 可以联想到医疗急救台，建立万神殿的工人累病了，赶紧去拨打 120 急救电话。

另外，熟悉的区号、邮编、门牌号、公车号、电话号码等都能帮上忙。

（6）串联歌诀记忆法

①时间相同相近串记

1861 年美国南北战争，俄国农奴制改革，中国总理衙门建立；

串联编成歌诀：哑巴留意（1861）美南北，俄国农奴中衙门。

1941 年苏德战争、太平洋战争爆发，中国发生“皖南事变”。

串联编成歌诀：苏德战争不太平，一就是一（1941）碗难平。

②时间间隔串记

隔一年、五年、十年、百年、千年等都行，把它们归纳在一起来记忆。

1841 年广州三元里抗击英国侵略军。1851 年金田起义，1861 年总理衙门建立，1871 年马克思写成《法兰西内战》，1881 年《中俄伊犁条约》签订。

串联编成一句话：哑巴（18）露出三（颗）金牙来洗衣（41）。

辛亥革命是1911年，二次革命是1913年，护国运动是1915年，护法运动是 1917 年，都是间隔两年。

串联编成一句话：红孩儿（二）不遵守国法，很二!

1937 年平型关大捷，1938 年台儿庄战役，1940 年百团大战，1940 年汪精卫成立伪国民政府，1941 年皖南事变。

串联编成歌诀：七瓶八抬拎百尾，一碗南瓜惹事变。“七瓶八抬”想得形象点就是七瓶酒有八个人来抬。

## 2. 巧记历史知识点

**（1）巧妙联想法**

**例 1：** 不少学生容易把《农政全书》的作者同《天工开物》的作者混淆起来。用“满天繁星”把《天工开物》中的“天”字同宋应星的“星”字联系起来，这样就记住《天工开物》的作者是宋应星了，那么，自然区分开了《农政全书》的作者是徐光启。

**例 2:** 元朝最大港口是广州、泉州，有的学生会答成广州、明州。我们可以想到“知识是力量的源泉”，“源”和“元”同音，这样就再也不会混淆了。

**例 3：** 关于台湾，隋唐时称“流求”，而元朝时称“琉球”，很多学生出现张冠李戴的现象。联想到足球是是圆（元）形的，这样把元（圆）朝的“琉球”二字皆‘王’字旁就区分出来了。

（2）字头记忆法

**例 1：** 清朝最后的九个皇帝依次为康熙、雍正、乾隆、嘉庆、道光、咸丰、同治、光绪、宣统，记为“康雍乾，嘉道咸，同光宣”。

**例 2：** 1842 年签定的中英《南京条约》中开放的中国第一批通商口岸：广州、厦门、福州、宁波、上海，记为“广厦福宁上”。

**例 3：** “戊戌六君子”谭嗣同、杨锐、林旭、刘光第、杨深秀、康广仁，记为“谭刘林，杨杨康”。

**例 4：** 1931 年中共的土地革命路线：依靠贫农雇农，联合中农，限制富农，保护中小工商业者，消灭地主阶级，变封建半封建的土地所有制为农民的土地所有制。可记为“靠贫联中限富，保中小灭地主”。

练习时间：

（1）南昌起义的领导人有刘伯承、贺龙、叶挺、朱德、周恩来等。

______________________________

______________________________

（2）太平天国在永安封王建制，东王杨秀清、西王肖朝贵、南王冯云山、北王韦昌辉、翼王石达开。

______________________________

______________________________

（3）袁世凯死后，北洋军阀分裂为三大派系，冯国璋和曹锟一派形成直系军阀，由英美两国扶植；段祺瑞一派形成皖系军阀，靠日本支持；东北的张作霖也靠日本支持，形成奉系军阀。

______________________________

______________________________

**参考方法（由文魁大脑俱乐部会员韩广军提供）：**

（1）取每个人名的字头，连在一起就是“刘贺叶朱周”，再谐音变成“留荷叶煮粥”。

（2）分别取其中的一个字，再根据谐音，东杨（东洋鬼子）肖西（消息）云南北韦（纬）翼石（一石），连在一起就是：“东杨肖西云南北韦一石”，意思是：东洋鬼子那有消息，云南北纬那有一块小石头。

（3）抽出一些字，可以这样来记忆，冯（逢）曹直（曹植）英美，段（端）皖（碗）日，霖（临）奉（风）日。意思是：（今天做梦）逢遇曹植了，长得英俊美丽，（今天是）端碗的日子，（也是）临风的日子，（碗里有酒，把酒临风，其喜洋洋者矣）。

**（3）串烧故事法**

发挥我们的想象力，把本来难记的知识通过想象的故事串联在一起，联想越奇特，记忆越深刻。

**例1:** 民主革命思想家陈天华有两部著作《猛回头》《警世钟》，可以联想“一个叫陈天华的人猛回头撞响了警世钟，一边做转头动作，同时发出钟声。”

**例2:** 军阀割据时，冯国璋、曹锟、段祺瑞控制的地盘及其支持者可联想为“冯曹靠在一棵日本梨树（直隶、江苏）上饿（湖北）得快干（赣）了，段祺瑞端着一大碗（皖）卤（鲁）面（闽），这（浙江）应（英）该很美呀。”

**（4）歌诀记忆法**

歌诀是学习历史的好方法，我们可以通过网络搜索一些歌诀，然后将它们录下来，反复听诵，下面这些歌诀就不错。

①战国时代百家争鸣

百家争鸣好形式，“墨儒道法兵”在此，
“兼爱”“非攻”墨主张，“仁政”治国是孟子，
道家代表是庄子，主张“无为”而来治，
法家代表韩非子，反对空谈倡“法治”，
兵家鼻祖是孙武，《孙子兵法》论军事。

②孔子的成就

孔子相传为圣人，思想教育都精明，
主张“爱人”察民情，“为政以德”反酷刑，
办学收徒三千人，因材施教出贤能，
启发学生多思考，主张温故而知新，
言行收录在《论语》，儒家学派创始人。

③欧洲文艺复兴

文艺复兴，意为首源。人文主义，集中表现。
强调人行，反对神权。面向现实，尊重实践，
自然科学，重大发展。天主教会，封建集团。
神职人员，腐败贪婪。宗教改革，新教出现。
革命旗帜，飘扬荷兰。首次资革，发展领先。

**练习时间：**

（1）明治维新的内容：政治方面，“废藩置县”，加强中央集权；经济方面，允许土地买卖，引进西方技术，鼓励发展近代工业；社会生活方面，提倡“文明开化”，即向欧美学习，努力发展教育。

______________________________

______________________________

（2）新中国成立以来的部分重大科技成就：1957 年，武汉

长江大桥通车；1964年和1967年，第一颗原子弹和第一颗氢弹；1965年，世界首次人工合成蛋白质——牛胰岛素；1970年，第一颗人造卫星——东方红一号。

______________________________________________

______________________________________________

**参考方法（由文魁大脑俱乐部会员罗婷予提供）：**

（1）废藩置县中集权，土地买卖西技工，文明开化学教育。

（2）雾起（57）武汉修大桥，螺丝（64）扭起（67）炸两弹；牛屋（65）产牛胰岛素，麒麟（70）唱起东方红。

**（5）浓缩归纳法**

认真分析历史事物，从中归纳提炼出或连续或对仗的“核心词”，作为记忆的载体，有事半功倍之效，此法适用范围很广。浓缩记忆法是抓住历史知识的主要内容，扣住关键字，把复杂、繁多的识记材料加以凝炼、压缩进行记忆。

**例1：**整个中国近代史的内容实在太多，我们可以通过浓缩归纳，巧妙地记忆它的知识框架。

一种性质（半殖民地半封建社会）；

两对矛盾（外国资本主义和中华民族的矛盾，封建主义和人民大众的矛盾）；

三条线索（屈辱史、抗争史、探索史）；

四大阶级（农民阶级、地主阶级、无产阶级、资产阶级）；

五股思潮（封建专制、平均主义、君主立宪、民主共和、社会主义）；

六国列强（英、法、美、俄、日、德）；

七款条约(《南京条约》《天津条约》《北京条约》《中法新约》《马关条约》《辛丑条约》《二十一条》);

八个人物(林则徐、洪秀全、李鸿章、康有为、孙中山、袁世凯、毛泽东、蒋介石);

九次运动(太平天国运动、洋务运动、维新运动、义和团运动、辛亥革命运动、新文化运动、五四运动、五卅运动、"一二·九"运动);

十场战争(鸦片战争、第二次鸦片战争、中法战争、甲午中日战争、八国联军侵华战争、护国战争、第一次国内革命战争、第二次国内战争、抗日战争、解放战争)。

**例2:**:袁世凯的复辟帝制活动。

1913年强迫国会选举他为正式大总统。

1913年解散国民党,次年又解散国会。废《临时约法》改为《中华民国约法》;改内阁制为总统制;改总统选举法。

可总结为"一转正,两解散,三修改"。

**例3:**一五计划经济建设的重大成就。

武汉长江大桥;宝成和鹰厦铁路;康藏、青藏和新藏公路;鞍钢无缝钢管厂、一汽、沈阳飞机制造厂和沈阳机床厂。

可总结为"一桥二铁三公四厂"。

# 第二节
# 地理记忆法

地理是一个文理兼有的学科，自然地理包括宇宙、大气、海洋、陆地等，主要属于理科内容。特别是其中的地球运动及时间计算、太阳高度角、各种日照图以及气候、洋流、各种等值线图等内容，具有鲜明的理科特点，需要较多的逻辑思维。学习时，应该采用偏重理科的学习方法，强调理解重于记忆，侧重于对地理原理、地理规律的理解运用，联系实际分析解决问题。人文地理和区域地理主要属于文科内容，适合采用偏重文科的学习方法，在理解的基础上加强记忆非常重要。学习时要多看书，熟悉和掌握知识要点；会看书，把握教材的脉络和主要思想、观点。下面分享几种地理学科常见的记忆方法。

## 1. 歌诀记忆法

**例 1：**我国的山脉名称比较多，可以编成歌诀。

东西走向有三横，北天阴、中昆秦，湘赣粤桂夹南岭；东北西南有三撇，兴安太行巫峰雪。台湾山脉分布东，长白武夷夹间中；

中蒙边境阿尔泰，向东还有祁连捺；贺兰横断南北向，喜马拉雅弧形山，珠峰傲立境中尼，八八四四数第一。

**例 2：**我国地形特征可以编成以下歌诀。

地形五大种，分布交错综。
山地高平原，盆地和丘陵。
西部多山地，山盆两相间。
山有世界最，盆高世界奇。
中部高原多，南北连一体。
东部平原广，线丘分界域。

**例 3：**我国主要河流可以编成以下歌诀。

河流众多丰水量，水能巨大世界响。
外流江河分三路，大多东入太平洋。
黄河含沙世界首，综合治理日加强。
华北海河短而广，五大水系扇形张。
淮河皖苏流域广，东入黄海南入江。
亚洲第一长江长，“黄金水道”多河港。
东北边境黑龙江，支流松花江通航。
华南珠江大流量，主干西江船来往。
横断山区巨能藏，最大河流澜沧江。
西藏雅鲁藏布江，水丰南入印度洋。
京杭运河南通航，世界人工河最长。
西北额尔齐斯河，唯一注入北冰洋。
此外闽江与钱塘，位于福建和浙江。

## 2. 形象记忆法

将需要记忆的地理知识借助人的想象，与已知的某种直观形象生动的事物联系起来加以记忆。

**例 1：**我国的省级行政区的轮廓较难记忆，如果我们把某一行政区比喻为某一形象事物后，就可以方便记忆了。比如，山西省像平行四边形，黑龙江省像只天鹅，内蒙古自治区像展翅飞翔的老鹰，吉林省大致呈三角形，辽宁省像个大逗号，山东省像攥起右手伸开拇指的拳头，海南省似菠萝，广东省形似一个象鼻，象鼻延伸的方向是南海，所以称之为“伸进南海的象鼻”。广西形似树叶，湖南、江西像一对亲密无间的伴侣，云南像开屏的孔雀。

**例 2：**再举世界地理为例，波罗的海像英文字母“Y”，德国像装满粮食的口袋，法国则是类似于六边形，伊朗像女孩儿的太阳帽，阿拉伯半岛像蒙古靴。

## 3. 谐音记忆法

**例 1：**地理里的很多数字可以通过谐音记忆。赤道半径 6378 千米（庐山齐爬），平均半径 6371 千米（庐山起义），珠穆朗玛峰的海拔高度 8844 米（爬爬试试），中国的水能蕴藏量 6.8 亿千瓦（留点吧），太阳日和恒星日的差值 3 分 56 秒（山本五十六）。

**例 2：**地理里的地名也可以通过谐音记忆。纽芬兰渔场（牛疯啦），拉布拉多寒流（拉不拉多），拉普拉塔平原（拉不拉他）。

**例 3：**地壳的八大化学元素：氧、硅、铝、铁、钙、钠、钾、镁。我们可以谐音成：养闺女，贴给哪家美（男）？

**例 4：**我国储量居世界首位的主要金属矿：钨、锑、锌、锂、钛、钒、稀土。

我们可以谐音成：我的心里太烦，吸毒。

### 4．模拟旅游法

学习地理最好的方式是出门旅游，如果没有条件，我们可以在大脑中“模拟旅游”，想象自己去某个地方旅游，通过一路上的“见闻”，记住该地的气候、动植物资源、人文等特点。

比如长江中下游地区的特点：主要农产品有水稻、小麦、棉花、油菜、桑蚕丝等，水稻种植面积和产量都居全国第一，太湖流域是我国最大的桑蚕基地。这里是我国重要淡水渔业区，有 500 多个较大的湖泊和许多山区水库都产淡水鱼，主要鱼种为青鱼、草鱼、鲢鱼、鳙鱼。舟山群岛为我国最大的海洋渔场，东海为我国的“天然鱼仓”。

可以想象我坐车来到了长江中下游，看到一望无际的水稻田，一位农民骄傲地说：“我们这里的水稻产量可是全国第一的！你再看那边，还种着小麦、棉花和油菜呢！”我在他的带领下来到了太湖边，很多蚕农正在喂蚕。中午的午餐吃的是鱼，都是从青草（青鱼、草鱼）里捞出来的，一条连（鲢鱼）着一条非常拥（鳙鱼）挤地放在盘子里，吃不完的我就放到舟山群岛的仓库里，那里是“天然鱼仓”。

在脑海中模拟旅游可以天马行空，发挥自己的想象力，运用故事法将需要记忆的信息生动地呈现在脑海中，一般想两三遍就可以清晰地回忆起来了。

## 5. 规律记忆法

地理的规律性比较强，如果能够将复杂的现象总结为规律，用一句话的短语概括，就可以轻松减少很多记忆量。

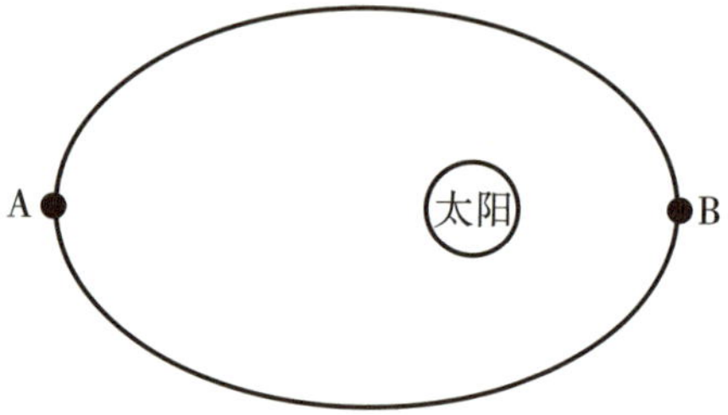

图 1

**例 1：**“近 1 快，远 7 慢”。

说明：用于识记地球公转时远、近日点的出现日期及相应的公转速度。当地球位于近日点时（图 1 中的 B 点），日期约为 1 月初，此时公转速度较快；当地球位于远日点时（图 1 中的 A 点），日期约为 7 月初，此时公转速度较慢。

**例 2：**“水多温差小，水少温差大”。

说明：用于指定区域温差大小的比较。阴天水汽多，故温差较小，晴天水汽少，故温差较大；沿海地区的降水一般充足，故温差较小，内陆地区的降水一般较少，故温差较大；气旋控制多阴雨天气，故温差较小，反气旋控制多晴朗天气，故温差较大。

# 第三节
# 政治记忆法

初中阶段的政治内容比较简单，相对而言很容易理解记忆。高中政治则更像是一门学科，由经济、政治、哲学三大部分组成，显得比较枯燥而又难以理解，如果只用死记硬背，会很痛苦。学习政治，先要学会阅读课本，先阅读目录和导言部分，了解本册书的主要内容，建立大概的知识框架。然后要全面涉猎课本，搞清有几部分内容，有哪些文字和图片，再细读课本内容，归纳综合出主要内容，找出基本的政治要点和重点，这样我们再去记忆才会有的放矢，具体在记忆时我们可以使用下列方法。

## 1. 概括记忆法

政治学科的知识一般条理清晰，而且重点突出，我们可以使用概括记忆法，把需要记忆的信息进行浓缩。步骤是，首先，选择关键词：借助段落、标点和关联词语；借助描述地位性或重要性的修饰性话语；借助政治术语来选择关键词。选择之后我们可以用下划线划出来，加以强调。其次，以关键词为基础框架，用自己理解的语言对其添枝加叶，还原知识。下面的例子我用下划线把重点划出来，供大家参考。

**例：**做一个负责任的公民。

（1）慎重许诺、坚决<u>履行诺言</u>。我们许下诺言，也就意味着自己要承担相应的责任。

（2）<u>承认错误</u>并承担错误所造成的后果。

（3）自觉<u>承担责任</u>，做责任的主人，享受承担责任的快乐。

（4）学会<u>反思</u>自己的责任，在承担责任中不断成长。

另外，运用思维导图将概括的要点进行整理，也是目前非常流行的一种方式，下面是文魁大脑俱乐部会员、初二学生马世超根据《我们都是公民》这一课绘制的思维导图。

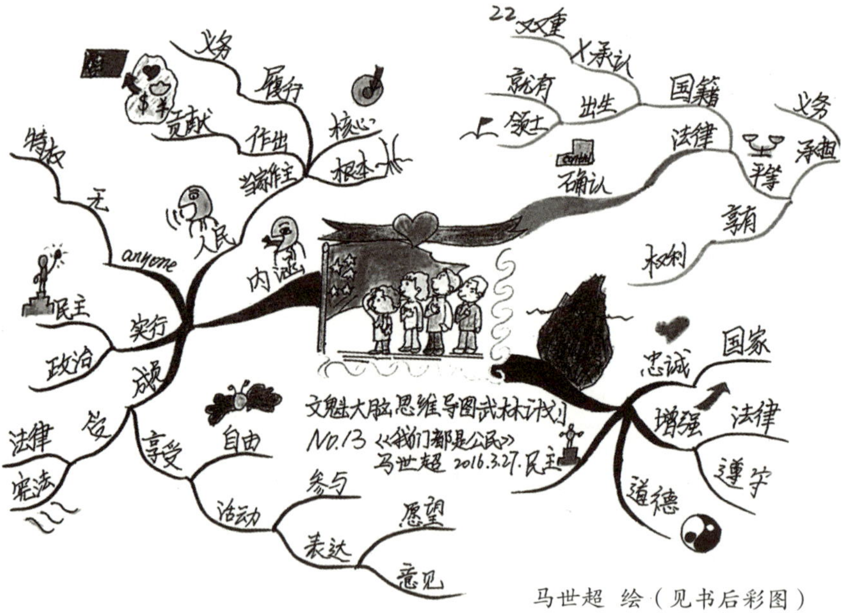


马世超 绘（见书后彩图）

### 2. 归类式背诵

在政治学科里，经常有一些相类似的提问方式，我们可以将多个题目放在一起归类记忆。比如，为什么以经济建设为中心？为什么实行改革开放？为什么要进行科技创新？……可以归结为“为什么”类；开放的中国期盼着我们青少年应该怎样更好地服务祖国？青少年应怎样对待人民代表大会制度？……可以归结为“对青少年要求”类。

另一种情况是单个题目答案的分类。比如，“为什么以经济建设为中心”的答案有9条，可以分为三类来记。第一类：“发展才是硬道理”和“发展是我国当前解决所有问题的关键”属于比较简单易记的一类。第二类：“兴国之要、根本要求和根本任务”属于重点记忆的一类。第三类：“五个离不开发展”（①增强综合国力、改善人民生活离不开发展；②巩固、完善社会主义制度，充分发挥社会主义制度的优越性离不开发展；③保持社会稳定，实现国家长治久安离不开发展；④提高国际竞争力，掌握国际斗争的主动权离不开发展；⑤完成祖国统一大业，实现中华民族的伟大复兴也离不开发展。）属于比较有规律，可以掌握大体意思的一类。这样一分类，可以降低背诵难度，提高背诵的积极性。

### 3. 联系生活法

政治学科相对抽象一些，如果能够结合我们的生活实际，会更加容易理解和记忆。

**例1：**我国非公有制经济的作用是促进经济增长、繁荣市场、方便人民生活、解决就业。

可以联系到我们生活的小区，以一个小超市为例，它首先方便了人民的生活，开超市和雇佣员工都会起到解决就业的作用，因为超市的生意好，小区内又开设了几家超市，彼此良性竞争，繁荣了市场，同时还要向国家纳税，就会起到促进经济增长的作用。通过小区的超市这样经常接触或经历的场景，很容易将看似生涩的知识点融入其中，记忆起来就会事半功倍。

**例 2：** 货币具有价值尺度、流通手段、贮藏手段、支付手段和世界货币五种基本职能。

我们可以联想自己拿着一沓钞票到水果摊，一个苹果面前你放五块钱，一个桔子面前你放三块钱，这就是价值尺度；你付钱给水果摊老板买了一个苹果，这就是流通手段；老板用钱给员工发工资，这就是支付手段；一个员工将钱存在家里，这是贮藏手段；另一个员工拿着它去韩国消费，这就是世界货币的职能。

### 4．术语规律记忆

政治学科中经常会出现一些地位性或重要性描述的话语，这些词语对应的说法通常的答案都是唯一的，因此经常会成为出题者的考察点，我们把这样的词语称作“政治术语”，抓住它们，在记忆和运用时都能够事半功倍。

政治术语通常的表述特点是：A 是 B 的 xxx；A 的 xxx 是 B，在修饰性的词语处通常就是术语做文章的地方，一般常见的术语有：

最类：最佳方式；最大威胁；人口最多；最高国家权力机关；最广大人民的根本利益；最具决定性的因素。

根本类：社会主义的根本原则；根本政治制度；文化建设的根本；根本任务。

本质类：社会主义的本质；民主的本质。

核心类：中华民族精神的核心。

基础或基本类：经济制度的基础；文化建设的基础；两岸统

一的基础；人口的基本特点；基本政治制度之一；基本矛盾。

主导或者主体类：公有制为主体；国有经济是主导。

关键类：把科技进步放在经济发展的关键地位。

集中或主要类：时代主题；主要根源；艰苦奋斗的集中体现；主要矛盾。

把握住了这些术语，在答题的时候就容易抓住解题的题眼，迅速找到正确答案。但是术语太多也容易混淆，让人背得焦头烂额，所以我对于这些常见的术语也会进行形象化编码，比如“根本”可以想成树根，“本质”可以想成本子，“核心”可以想成黑心，“主导”想成导弹，“主体”想成猪蹄，“关键”想成开关的按键，“主要”想成“猪腰”，等等。

在遇到比较难记或者容易混淆的情况时，可以运用联想记忆。比如：“发展是我国当前解决所有问题的关键”，我们可以想象一个披着长发的美女头上有个问号，一按开关的按键问号就消失了。“公有制为主体，国有经济是主导”，可以想到一个老公公在吃猪蹄，国库里有一个导弹。

# 第八章 • 理科记忆法

在很多理科生眼中，文科生就只会记忆，而理科生则不屑于此，所以出现了很多“重理解轻记忆”的理科生，最终在考场上遭遇滑铁卢。然而理科生真的不需要记忆吗?

我们看看一些成功的理科生，比如杰出的物理学家朗道就是记忆力超常，各种定理公式信手捻来；数学家陈景润年轻时一有空就把学过的公式定理过一遍，所以他对于公式定理可以做到烂熟于心。微软全球副总裁张亚勤 12 岁考入中国科学技术大学少年班，23 岁获得美国乔治·华盛顿大学电气工程博士学位，成为数字影像和视频技术、多媒体通讯方面的世界级专家，并且获得几十项专利，都离不开他超强的记忆力。

想要在未来有所成就，在黄金时期训练大脑记忆力非常重要，因为记忆力是创造力的基础。《最强大脑》中的科学判官 Dr. 魏说：“记忆的能力会在年轻时候达到巅峰。”

有一些看法认为,在 12 ~ 16 岁这个年龄段,记忆能力迅速增长，到达巅峰。这个巅峰状态，成年后会维持很长时间。

所以不论是为了考试，还是为了一生的成就和幸福，在年轻时就训练成最强大脑很有必要，理科生们，加油吧！本章将为你分享一些各科实用的记忆方法!

## 1. 知识网络法

数理化是知识之间环环相扣的学科，我们在学习时需要对知识进行一定的归纳整理，让知识更加条理化、网络化，采取的方式可以是绘制框架图。

下图是关于实数的知识框架图，将其定义与分类、实数与数轴的关系，实数的绝对值和科学记数法等知识都列入图中，一目了然。

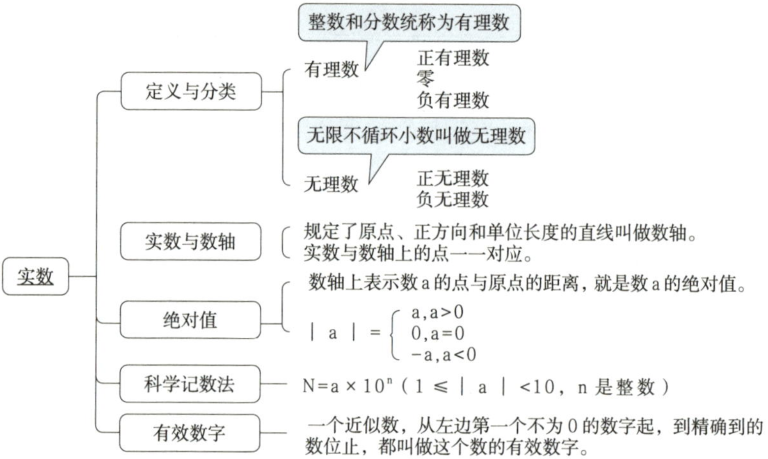


## 2. 歌诀记忆法

理科里有很多的公式和定理都有一定的规律，有些老师将其总结为歌诀，我们可以在理解的基础之上，通过诵读和听录音进行记忆。

**例 1：**一元一次不等式解题的一般步骤。

去分母、去括号，移项时候要变号，

同类项、合并好，再把系数来除掉，

两边除（以）负数时，不等号改向别忘了。

**例 2：**有理数的加法运算。

同号相加一边倒，异号相加“大”减“小”；

符号跟着大的跑，绝对值相等“零”正好。

注：“大”减“小”是指绝对值的大小。

**例 3：**用常规配方法解一元二次方程。

左未右已先分离，二系化“1”是其次。

一系折半再平方，两边同加没问题。

左边分解右合并，直接开方去解题。

该种解法叫配方，解方程时多练习。

**例 4：**化学元素周期表前 20 个元素的口诀。

氢氦锂铍硼【侵害你琵琶】

碳氮氧氟氖【烫蛋氧腐烂（烫蛋因为缺氧而腐烂）】

钠镁铝硅磷【那美女归零（那英美女把计算器归零）】

硫氯氩钾钙【流露牙夹钙（流露出牙齿还夹着钙片）】

关于这些元素的化合价，也可以编成口诀：

一价氢氯钾钠银，【清（理大）陆架拿银】

二价氧钙镁钡锌，【羊羔美背心】

三铝四硅五价磷，【三间（大夫）速归吾降临】

一二铜二三铁，

亚铜亚铁要记清。

**例 5：**动物的个体发育歌诀。

受精卵分动植极，胚胎发育四时期，

卵裂囊胚原肠胚，组织器官分化期。

外胚表皮附神感，内胚腺体呼消皮，
中胚循环真脊骨，内脏外膜排生肌。

**例 6：** 12 对脑神经歌诀。
一嗅二视三动眼，
四滑五叉六外展，
七听八面九舌咽，
迷走副神舌下全。

### 3．浓缩记忆法

物理和化学里面有一些步骤，顺序不能变，我们可以提取关键词来进行浓缩记忆。

**例 1：** 化学平衡状态。

动：化学平衡是动态平衡，正反应和逆反应仍在进行；

等：正反应速度和逆反应速度相等；

定：反应条件一定，各组分百分含量一定；

变：当外界条件发生变化时，化学平衡就被破坏了，此时正、逆反应速度不相等，各组分百分含量也发生变化，直到在新的外界条件不变时，又建立一个新平衡。

**例 2：** 实验室制取氧气的步骤。

（1）检查装置的气密性；

（2）将高锰酸钾装入试管中，在管口塞一团棉花并用带导管的塞子塞紧；

（3）用铁架台和铁夹把盛有药品的试管固定起来；

（4）给试管点火加热；

（5）用排水集气法收集一瓶氧气；

（6）导管移离水面；

（7）用灯帽盖灭酒精灯。

我们可以提炼浓缩为“查、装、定、点、收、离、熄”，谐音后变成“茶庄定点收利息”。

**例3：**光的反射定律。

光线在真空或介质中会沿着直线前进，当光行进在两个不同介质的介面上会有部分光线反射回同一介质。当光线发生反射时，反射的光线满足“入射角”等于“反射角”的关系，且入射光与反射光均在介面的同一边。

我们可以浓缩为“三线共面、两角相等”。

平面镜成像规律：物体在平面镜中成虚像，像和物体的大小相同，像和物体到镜面的距离相等，它们的连线与镜面垂直。

我们可以浓缩为“物象对称，左右相反”。

**例4：**阿佛加德罗定律：在相同的温度和压强下，相同体积的任何气体都含有相同数目的分子。

我们可以把定律归纳为四同：即在同温、同压条件下，同体积的气体含有相同的分子数。进一步缩记为：同压、同温、同体、同分。

**例5：**人体八种必须的氨基酸，我们可以通过提取关键字联想法来记忆，可以编成两个版本，版本一：一两色素本来淡些（异亮氨酸、亮氨酸、色氨酸、苏氨酸、苯丙氨酸、赖氨酸、蛋氨酸、缬氨酸）；版本二：写一本胆量色素来（缬氨酸、异亮氨酸、苯丙氨酸、蛋氨酸、亮氨酸、色氨酸、苏氨酸、赖氨酸）。

### 4. 对比记忆法

理科有很多概念、定理等比较类似，我们可以归纳在一起进行比较记忆，区分其异同点，在对比时可以采取不同的形式，以下四种供大家参考。

（1）**罗列法。**也就是将知识点根据不同的比较项目，分别把不同点罗列出来。

**例：**质量与重力的区别。

①质量是指物体中所含物质的多少，重力是指物体所受地球的引力；

②质量只有大小没有方向，是标量，重力是既有大小又有方向，是矢量；

③质量在哪里大小都不变，重力随位置而变化；

④质量用天平称，重力要用弹簧秤量；

⑤质量单位一般用千克表示，重力单位一般用牛顿表示。

（2）**异同法。**就是分别比较知识之间的相同点和不同点。

**例：**音调、响度和音色的联系与区别。

联系：音调、响度和音色是乐音的三要素。

区别：音调由发声体的振动频率决定；

响度由发声体的振幅、离声源距离远近决定；

音色由发声体本身性质决定。

（3）**图表法。**就是采用图表的形式来比较异同之处，更加清晰明了。

**例：**直线、线段、射线之间的联系与区别。

<table>
<tr><th colspan="2">名称</th><th>直线</th><th>射线</th><th>线段</th></tr>
<tr><td colspan="2">定义</td><td>不定义</td><td>直线上一个点和它一旁的部分</td><td>直线上两个点和它们之间的部分</td></tr>
<tr><td colspan="2">图形及表示</td><td colspan="3">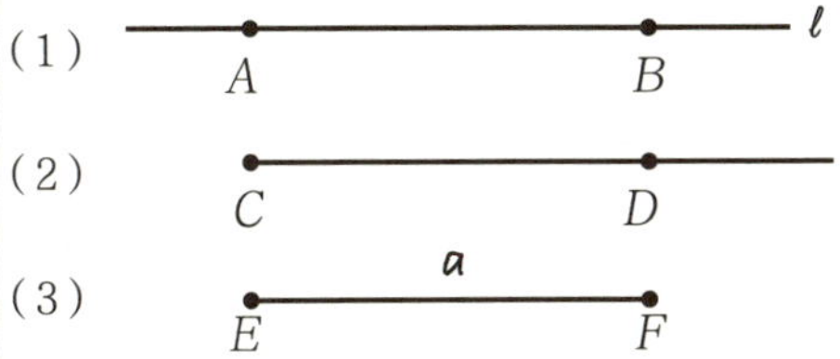<br>1. 直线 AB 或直线 l<br>2. 射线 CD<br>3. 线段用表示它两个端点的字母或一个小写字母表示，有时这些字母也表示线段长度，记作线段 EF、线段 FE 或线段 a</td></tr>
<tr><td rowspan="3">区别与联系</td><td>端点</td><td>无端点</td><td>有一个端点</td><td>有两个端点</td></tr>
<tr><td>是否延伸</td><td>可无限延伸</td><td>另一端可以无限延伸</td><td>不可以延伸</td></tr>
<tr><td>是否可度量</td><td>不可以度量</td><td>不可以度量，可反向延长射线 CD</td><td>可以度量；可以向两方无限延长，即延长线段 EF 或反向延长线段 FE</td></tr>
</table>

## 5．趣味联想法

一般我们记公式和定理都是在理解的基础上，以推导记忆法、规律记忆法、口诀记忆法等为主，但是如果你运用了这些方法仍很难记住，不妨运用趣味联想法来辅助记忆，记住了以后再在运用过程中深化理解，在此我们仅举五个例子供参考。

**例 1：** 焦耳定律：$Q=I^2\times Rt$，电流通过导体产生的热量跟电流强度的二次方成正比，跟导体的电阻成正比，跟通电的时间成正比。

这个公式为了记得更牢，我们可以发挥联想，想象耳朵烧焦的阿 Q 说："我（I）爱（2）人头（Rt）！"

**例 2：** 万有引力定律：$F=Gm_1m_2/r^2$，任意两个质点通过连心线方向上的力相互吸引。该引力的大小与它们的质量乘积成正比，与它们距离的平方成反比，与两物体的化学本质或物理状态以及中介物质无关。

这个公式也比较容易记，我们看看如何记得有趣。我真服（F）了牛顿这哥（G）们，情人节同时给MM1号和MM2号送玫瑰（rose）说爱(2)你，脚踏两条路注定没有好下场，看，被苹果砸了吧！

**例3：**核外电子的排布规律：能量低的电子通常在离核较近的地方出现的机会多，能量高的电子通常在离核较远的地方出现的机会多。

我们可以运用形象比喻的方式来趣味记忆，把地球比作原子核，把能力高的大雁、老鹰等鸟比作能量高的电子，把能力低的麻雀、小燕子等鸟比作能量低的电子。能力高的鸟常在离地面较高的天空飞翔，能力低的鸟常在离地面很低的地方活动。

**例4：**生成二氧化碳的化学公式

$CaCO_3+2HCl=CaCl_2+H_2O+CO_2\uparrow$

我们想象一个人吃了大理石（$CaCO_3$），喝了2瓶稀盐酸后很不舒服，胃里面充满了二氧化碳，拉出了水和绿色的钙（氯化钙$CaCl_2$）。

**例5：**$3Cu+8HNO_3$（稀）$=3Cu(NO_3)_2+4H_2O+2NO\uparrow$

$Cu+4HNO_3$（浓）$=Cu(NO_3)_2+2H_2O+2NO_2\uparrow$

这是两个比较容易混淆的公式，我们可以对比在一起来记忆：浓和稀的$HNO_3$与Cu反应的方程式，易混点主要在前面Cu和$HNO_3$的数量，分别是3:8和1:4，以及产生的是$NO_2$还是NO。$Cu(NO_3)_2$和$H_2O$的数量根据化学平衡很容易就知道了。我们的联想如下：三八（38）妇女节妈妈对稀饭说NO；你要死（14）呀，喝浓硝酸，太二（二氧化氮）了吧！

# 第九章 • 英语单词记忆法

英语单词如何记？也是我曾经在学习英语时无比困扰的问题。我相信很多人的经历和我类似，在初学英语时，用汉字来标注英文的发音，比如 English 就变成了“英哥历史”，Thank you 就是“三克油”，这样的方式会受到老师的打压，于是我们开始拼着字母记单词，d-e-s-k，desk，凳子，d-e-s-k，desk，凳子，就这样反复地读，手上反复地写，然后反复地忘。

我记得我直到大学，仍然每周都要听写，英语课成为我的梦魇，每次课前都是疯狂地抢着记单词，哪怕提前好几天就已经记过了，但最终还是很多单词想不起来。考四级时很疯狂地背单词，就像网络上的段子说的：“洛阳亲友如相问，就说我在背单词。举头望明月，低头背单词。少壮不努力，老大背单词。不畏浮云遮望眼，只缘我要背单词。”最后背得想吐血，背到 C 就背不下去了，后来六级干脆就“裸考”（不准备直接上考场）了，因为单词太难背了。

直到我学习了记忆法，才重新拿起六级单词书，花了一周把它重新背了一遍。有了新的方法，刚开始虽然不是很适应，但是背得越来越多之后，速度也越来越快，最好时可以 1 小时背 100 多个单词，而且背英语单词居然可以像玩一样了，因为我在联想的世界中尽情驰骋着，非常有趣。你也想玩单词吗？我们一起来吧。

首先给各位分享一个单词记忆策略的口诀：

(1) 记单词，要“五到”，眼嘴手脑齐开炮；读写背默各几遍，印象清晰记得牢。（“五到”记忆法）

(2) 记过单词莫靠边，几天之后再看看；似忘非忘又温习，反

反复复印心间。(循环记忆法)

(3) 单词多了别心烦，分片分组来攻占；五个一组先吃掉，几组连成一大片。(分组记忆法)

(4) 结合词组句子记，有情有景有意义；重点段落须背诵，理解深刻有乐趣。(理解记忆法)

(5) 要想单词不写错，语音一关还得过；读音规律掌握好，拼写自然少差错。(语音记忆法)

(6) 分类归纳便于记，同类词汇放一起；bike，plane 和 jeep，归到交通工具里。(归纳记忆法)

(7) 同义近义反义词，辨析对比来记忆，比较对照才开窍，印象深刻记得牢。(对比记忆法)

(8) 单词长了容易忘，卡片纸条来帮忙；mathematics 不好记，纸条贴到《数学》上。(卡片记忆法)

(9) 构词法，要学习，前缀后缀有规律；转换常把词类变，合成本是二合一。(构词记忆法)

(10) 课外读物有情趣，单词复现便于记；只要坚持常阅读，一举多得大有益。(阅读记忆法)

这十句口诀包含着记忆和复习的规律，是不论哪个年龄段都可以采用的，在具体的记忆方法上，不同英语水平和接受程度应该有所区分。对于小学生，建议还是采用常规方式来积累单词，而且形式尽量多元一些，比如看英文动画片、听英语歌、看英语童话、看彩色卡片等，在这里推荐一本外文出版社的《小学英汉词典》，这本书从记忆的角度而言，充分运用了视觉记忆的特点，每个单词都配有生动形象的彩色图片，同时还有大量场景图片，使用了分类记单词的技巧，比如游乐场、动物园、颜色、衣服、鱼类等相关的单词画在一张图里。结合图像和例句，在语境和情境中背单词，会让记单词的乐趣大很多。

当我们具备一定的词汇量时，比如至少有 500 个以上，我们将遇到越来越多的抽象词，这时再使用图片来记忆就有点难度，我们就可以灵活使用以下的方式来帮助记忆。

# 第一节
## 拆分记忆法

《最强大脑》第一季上最震撼的道具当属3D版的《清明上河图》，长23米、高3米，800个不同人物，70个细节不同的牲畜，要想记下来，必须采取拆分记忆的技巧，将400个细节各个击破。而对于由字母组成的长单词，也可以如此，本节我们来学习一下拆分记忆法！

还记得我们是如何记忆比较复杂的汉字的吗？比如“赢”，我们是把它拆分成“亡”“口”“月”“贝”“凡”这五个熟悉的汉字，这样记起来就轻松多了。对于英语单词，我们可以将单词拆分成我们熟悉的单词、字母组合，甚至还可以在单词里发现拼音和数字，比如，pang（使悲伤）就和拼音“胖”一样，change（改变）的拼音和“嫦娥”一样。

拆分法则符合“魔力之七”记忆规律，也就是我们一次性记忆信息的量在7个左右，一个12个字母的单词，拆分成3个熟悉的部分后，信息量其实就从12个降到了3个，大大减轻了记忆压力。

最容易拆分的，就是由两个单词复合的新词，比如：

backpack　back 背部 +pack 背包 = 双肩背包

notebook　note 笔记 +book 工作簿 = 笔记本

bookcase　book 书 +case 箱 = 书柜

有些复合词的两个部分或几个部分需要用字母“a”“i”“o”“s”或者“-”等连接后才能构成复合词。比如：

artascope　art 艺术 +a+scope 镜 = 万花筒

dentiform　dent 齿 +i+form 形状 = 齿形的

sportsman　sport 运动 +s+man 人 = 运动员

以上这些单词的意思很容易通过两个单词推理出来，另一些单词则拆分成我们熟悉的单词之后，需要借助我们的联想才能和意思建立联系。比如：

（1）candidate 候选人

拆分：can 能 +did 做（过去式）+ate 吃（过去式）

联想：能够做又能够吃的人才有资格做候选人。

（2）hesitate 犹豫

拆分：he 他 +sit 坐 +ate 吃

联想：他坐下来犹豫到底要不要吃。

（3）capacity 容量

拆分：cap 帽子 +a 一个 +city 城市

联想：帽子大得可以把一个城市都盖上，这容量可真大啊！

像这样能完全拆分的很少见，一般会多出一些字母，我们可以将前面学习到的字母形象联想的编码派上用场。下面举一些单词为例。

（1）bread 面包

拆分：b 笔 +read 阅读

联想：他拿着笔一边阅读一边咬着面包。

（2）price 价格

拆分：p 皮鞋 +rice 米饭

联想：用皮鞋装的米饭还能卖出好价格吗？

（3）boom 繁荣

拆分：boo 数字 600+m 麦当劳

联想：一条街上有 600 家麦当劳，真是繁荣啊！

（4）octopus 章鱼

拆分：o 鸡蛋 +c 月亮 +top 顶部 +us 我们

联想：章鱼吃着鸡蛋，坐在月亮的顶部看着我们。

**练习时间：**

（1）smother 使窒息

拆分：________________

联想：________________

（2）yegg 窃贼

拆分：________________

联想：________________

（3）belle 美女

拆分：________________

联想：________________

（4）singe 把……烤焦

拆分：________________

联想：________________

有些单词中会经常出现一些字母组合，我们也可以将其编码并熟记，这样在记单词时也可以将其拆分成熟悉的字母组合。在这里提供一套我的编码供大家参考。

## 【记忆魔法师字母组合编码】（词首篇）

| 字母组合 | 形象编码 | 你的编码 |
|---|---|---|
| ab | 阿爸（拼音） | |
| ac | ac 米兰（联想） | |
| ap | 阿婆（拼音） | |
| ad | AD 钙奶（联想） | |
| al | ali 拳王阿里（联想） | |
| ar | 爱人（拼音） | |
| au | Australia 澳大利亚 | |
| bl | 白领（拼音） | |
| br | brain 大脑 | |
| co | Coca 可口可乐 | |
| con | 恐龙（谐音） | |
| com | computer 电脑 | |
| ch | 池、尺（拼音） | |
| cl | clean 清理 | |
| cr | cry 哭 | |
| cu | 醋（拼音） | |
| dr | 敌人（拼音） | |
| dis | 的士（谐音） | |
| fr | 芙蓉（拼音） | |
| fl | 俘虏（拼音） | |
| gr | 工人（拼音） | |
| gl | glass 玻璃 | |
| im | 一毛钱（拼音） | |
| ph | phone 电话 | |
| pro | （东）坡肉（谐音） | |
| pr | 仆人（拼音） | |
| sh | ship 船 | |
| sw | swim 游泳 | |
| st | stone 石头 | |
| th | thief 小偷 | |
| un | un 联合国 | |
| tr | tree 树 | |
| wh | White House 白宫 | |

**【记忆魔法师字母组合编码】（词中词尾篇）**

| 字母组合 | 形象编码 | 你的编码 |
| --- | --- | --- |
| cess | 射死（谐音） | |
| cive | 师傅（谐音） | |
| nant | 榔头（谐音） | |
| less | 蕾丝（谐音） | |
| duce | 堵车（谐音） | |
| tiny | 踢你（谐音） | |
| vene | 威尼熊（谐音） | |
| sance | 思考者（谐音“三思”） | |
| vate | waiter 服务员（谐音） | |
| cure | 治愈（单词） | |
| tory | toy 玩具（谐音） | |
| tent | 帐篷（单词） | |
| ment | 门童（谐音） | |
| nent | 嫩头青(指不懂事的年轻人) | |
| nt | 难题（拼音） | |
| cede | 割让（单词） | |
| dent | 灯塔（谐音） | |
| sion | 婶（谐音） | |
| tion | 神（谐音） | |

## 如何自创字母组合编码

英文字母只有 26 个，但字母组合却不计其数，在这里我只是列出了其中常用的一些，大部分是我在记忆单词时总结的，我将临时想到的专门写在一个本子上，将可能比较常用的选出来记住，以后再遇见时就可以很快反应出来。大家也可以在英语学习中去总结，形成自己的字母组合编码表。自创字母组合编码有下面几种途径：

（1）利用谐音。比如 tion 想到“神”。

（2）利用单词意义。一部分为单词的本身含义，比如，cure 的意思是治愈；有些是单词的某一部分，比如 ap 想到 apple 苹果。

（3）利用汉语拼音。有些本身就是完整的拼音，比如 cu 醋，另一种是拼音的声母组合，比如 pr 仆人等。

（4）形象化。比如 oo 像眼镜、olo 像小丑。这两个比较简单，在上表中没有列出。

在实际记单词过程中，我们还需要灵活进行拆分和编码，原则是尽量拆分得少，能有单词就用单词，能有字母组合就用字母组合，实在没有才是单个的字母，这样最终的联想会更简洁一些。

接下来，我们举例来看看具体应用。

（1）contest 比赛

拆分：con 恐龙 +test 测试

联想：两位科学家在比赛，看谁最先对恐龙进行完测试。

（2）produce 生产，制造

拆分：pro 东坡肉 +duce 堵车

联想：饭店生产出来的大量东坡肉在堵车时都变坏了。

（3）comedy 喜剧

拆分：come 来 +dy 电影（拼音首字母）

联想：来看电影吧，喜剧片哦！

（4）guitar 吉他

拆分：gui 跪（拼音）+ta 他（拼音）+r 小草

联想：跪在地上的他对着小草弹吉他。

（5）hobby 业余爱好

拆分：ho 猴子 (hou)+bb 婴儿（baby）+y 弹弓

联想：猴子生的婴儿的业余爱好是射弹弓。

（6）abrupt 突然的，意外的

拆分：ab 阿爸 +ru 入 +pt 葡萄（拼音首字母）

联想：阿爸突然地进入葡萄园里。

（7）adolescent 青少年

拆分：ado 阿斗 +les 勒索 +cent 分

联想：阿斗在青少年时期爱勒索一分钱。

（8）brilliant 灿烂的

拆分：br 病人 +ill 生病 +i 蜡烛 +ant 蚂蚁

联想：病人在生病时点亮了蜡烛，灿烂的光辉照亮了蚂蚁的路。

练习时间：

（1）abuse 滥用

拆分：________________

联想：________________

（2）nuclear 原子核的

拆分：________________

联想：________________

（3）scarce 缺乏的

拆分：________________

联想：________________

（4）pillar 栋梁

拆分：________________

联想：________________

（5）aluminium 铝

拆分：________________

联想：________________

# 第二节
# 比较记忆法

王峰在《最强大脑》上挑战记忆钥匙时，可着实让嘉宾和观众们捏了一把汗，特别是Dr.魏让他现场把钥匙绘制出来时，他凭借超强的比较记忆能力，将差别只有一毫米的钥匙区分了出来！而他这种超强的能力用在背单词上也很好使，他曾经只用几天时间就准确无误地记下了2000多个六级考试核心词汇，接下来我就来解密他所采用的其中一种记忆秘诀！

## 1. 减字母或字母组合

单词由26个字母组成，难免会有很多相似的单词，可以利用熟悉的单词来进行比较记忆。我们只需要分辨出不同的部分，便减少了记忆的工作量，比如，solder（焊料）这个单词，如果我们发现它和soldier（士兵）只差一个字母，就只需要记住soldier和减掉的这个“i”即可，如果还难以记下这个单词的意思，我们可以根据情况看是否进行联想。比如可以这样想：士兵点着蜡烛(i)把焊料塞进焊接口，直到蜡烛烧完才弄好。接下来再举一些由熟悉的单词减去一到两个字母或字母组合而变成新单词的例子。

（1）pane 窗格玻璃

比较：plane 飞机 -l 棍子

联想：飞机上落下一根棍子把窗格玻璃打碎了。

（2）fund 专款

比较：found 创办 -o 鸡蛋

联想：富翁拿出专款创办了一个鸡蛋基金。

（3）sear 使凋谢

比较：search 寻找 -ch 池

联想：我们寻找了很久都没有找到池子来浇水，花都凋谢了。

## 2. 替换字母或字母组合

还有一些单词是某个字母或字母组合替换成另一个字母或字母组合，比如：

（1）policy 政策

比较：police 警察　e 替换成 y 衣撑

联想：警察拿着衣撑去执行政策，谁不听话就叉谁的屁股。

（2）abject 可怜的

比较：object 物体　o 替换成 a 苹果

联想：牛顿研究物体时被苹果砸了一个包，真是可怜的孩子。

（3）scurry 手忙脚乱地干

比较：hurry 慌乱　h 替换成 sc 蔬菜（拼音首字母）

联想：厨房里慌乱一团，厨师们手忙脚乱地炒着蔬菜。

练习时间：

（1）gullet 咽喉

比较：bullet 子弹　b 替换成 g 哥哥

联想：________________________________

（2）crust 外壳

比较：trust 信任　t 替换成 c 月芽

联想：________________________________

（3）batter 炮击

比较：better 更好　e 替换成 a 苹果

联想：________________________________

### 3．比较不同部分

还有一种情况，就是两个或更多形近的单词，我们都不认识，这个时候可以通过比较不同的部分进行联想记忆，在这里仅举一个例子。

coast　海岸

boast　吹牛

roast　烘烤

toast　土司

这四个单词后面都以 osat 结尾，只有前面的一个字母不一样，比较容易混淆，我们可以这样来记：c 的形状像是海岸线，b 的形状像喇叭，拿着喇叭来吹牛，r 的形状像是烘烤东西的叉子，t 则是“土司”的“土”的声母。这样一区分，相信会深刻地记住这四个单词。

# 第三节
## 词缀记忆法

当我们最开始学习汉字的时候，每一个字是怎样记忆的呢？老师通常会让我们先记住一个字的偏旁部首，然后记住这个偏旁部首有什么含义，接着我们就能记住一类这样的字了。比如，木字旁表示和树木有关，所以加上声旁可以组成桃、柳、枝、根。其实，英语单词同汉字一样，也有自己的偏旁部首，这就是词根词缀！

词缀记忆法就是通过记忆英语单词中最常见的词缀同某些词根的搭配来记忆派生词的方法。学会使用这种方法，便可以通过词缀推测词根添加词缀后的意思。前缀和后缀的作用不一样，前缀改变词义，后缀改变词性。

### 1. 常用的前缀

ab 表示“反常”，如：absent 缺席，abnormal 不正规的

ap 表示“添加”，如：append 悬挂，apposition 同位置

bi 表示“两、重”，如：bicycle 自行车，bigamy 重婚

com 表示“共同”，如：combine 联合，compete 相争

dis 表示“分开”，如：disarm 裁军，dislike 讨厌

im 表示“不”，如：impossible 不可能的，immoral 不道德的

in 表示“不、向内”，如：informal 非正式的，inhuman 不人道的

non 表示“无”，如：nonparty 无党派的，nonmetal 非金属

pro 表示“向前”，如：progress 进步，prognostic 预兆

re 表示“回、重新”，如：review 复习，reaction 反应

un 表示“不、非”，如：unhappy 不快乐的，unbalance 失去平衡

### 2. 常用的后缀

al 表示“人、物”，如：rival 竞争者，mural 壁画

cy 表示“状态、职位”，如：bankruptcy 破产，captaincy 船长

er 表示“人、物”，如：teacher 老师，cooker 厨具

able 表示“可能的”，如：movable 可移动的，passable 可通行的

ful 表示“充满”，如：beautiful 美丽的，useful 有用的

or 表示“人、物”，如：actor 男演员，mirror 镜子

ist 表示“人”，如：copyist 抄写员，socialist 社会主义者

ment 表示“行为”，如：enjoyment 娱乐，movement 运动

ing 表示“令人”，如：exciting 令人兴奋的，interesting 令人有兴趣的

ed 表示“感到”，如：excited 感到兴奋的，interested 感到有兴趣的

less 表示“没有的”，如：resistless 不抵抗的，homeless 无家可归的

ly 副词后缀，如：gently 轻轻地，intently 专心地

tion 名词后缀，如：graduation 毕业，relation 亲属

关于词缀记忆法，英语词汇教学专家黎学智老师在《英语词汇逻辑记忆法》中进行了归类总结，值得借鉴。英语单词的前缀比较简单，而名词、动词、形容词和副词都有若干个后缀，某个词后面用某个后缀似乎无规律可循，黎老师分享了突破的方法，这里略举一二。

一是列举法，尽量列举同一词缀的所有词汇，以便使自己的头脑中相对地固定某些单词与某些后缀的搭配关系，进行强化记忆。比如，a加在单词前，表示"在……的"，单词有：asleep睡着的（a+sleep睡觉）、aside 在边上（a+side 旁边）、ahead 在前面的（a+head 头）、alive 活的（a+live 活）、awash 泛滥的（a+wash 冲洗）。

二是对应法，不同特点的词汇，加上特定的后缀后，对应会有不同的变化规则，这些规律使我们可以触类旁通。比如，某些以"d"结尾的动词，其名词形式为去"d"加"sion"，如contend（v.竞争）变成 contension（n. 竞争）；某些以"de"结尾的动词，其名词形式是去"de"加"sion"，如devide（v.划分）变成devision（n.分开）；某些以"se"结尾的动词，去"se"加"sion"，如excise（v.切除）变成 excision（n. 切除）。

除此之外还有串联法和混成记忆法，关键还不在于这些方式，而在于作者对大量单词进行了整理，方便我们查阅和记忆，对于大学以上学生，可以考虑阅读此书。而中小学生，平时在学习里遇到的后缀不多，可以将相同的整理在一起，将特例单独拿出来，这样也基本可以满足日常需要。同时，前面的字母组合编码，很多也是后缀，同样是名词后缀不好区分时，我们可以用编码进行

联想，比如：collection（收集）和 conclusion（总结），我们可以联想神喜欢收集各种宝贝，婶婶喜欢总结家长里短的八卦，这样区分 tion 和 sion（tion 的代码是神，sion 的代码是婶）。

**对于词缀记忆法，还要补充几点应注意的问题：**

（1）后缀一般只对词性有贡献，但有时也对词义有贡献，这时我们也应加以把握。如后缀“ium”表示场所（体育馆 gymnasium，水族馆 aquarium）。再如后缀“ous”本义为“……多的”，如 dangerous（危险的）来源于“danger”，spacious（宽敞的）来源于“space”。

（2）词根词缀虽然对于记忆单词有很大帮助，但也非万能灵药，有些词没有词根，有些词的词根过于冷僻，此时还应特殊记忆，无捷径可走。

（3）有时无须了解词根的精确含义也可记忆单词。如：知道了 ascend 是上升，则无须了解词根“scend”的含义，因为前缀“de”表“下来”，仍然可以记忆 descend 表下降；再如：知道了 persuade 是劝服，则无须了解词根“suade”含义，因为前缀“dis”表否定，仍然可以记忆 dissuade 是劝阻。

# 第四节
## 单词串烧法

“骗子(cheat)的小麦(wheat)加热(heat)能吃(eat)”,“鸽子(dove)服药(dose)打瞌睡(doze)”,这样记单词有没有吃羊肉串的感觉?因为很多单词的拼写都非常形近,我们可以通过一定的形式,将它们放在一起来记忆,这样可以达到一记记一串的效果,还可以避免出现混淆,这种方式就是“单词串烧法”。

### 1. 串烧故事

**串烧的形式之一是将单词和意思编成一个故事或者一句话。**

比如,以 and 结尾的单词有:

band 乐队,绑扎

hand 手

sand 沙

land 土地

stand 站立

串烧：band（乐队）的每位乐手都 band（绑扎）着 hand（手），在 sand（沙）堆成的 land（土地）上 stand（站立）。

又如，以 ring 结尾的单词有：

bring 带来

boring 无聊

during 在……期间

spring 春天

string 线、细绳

串烧：他给我 bring（带来）一个 ring（指环），在 spring（春天）我 boring（无聊）的时候，我把一个 string（细绳）系在了指环上。

## 2. 形象化编码

**串烧的形式之二是将不同的部分进行形象化编码，也串进故事里面，从而帮助区分。**

比如，以 boo 开头的单词有：

boost 促进；增加

boom 繁荣

boon 福利

boor 粗野无礼的人

boot 踢，解雇

串烧：布先生是卖碟片的，他 boost(促进)《疯狂的石头 (st)》的销量，使影碟店的生意像麦当劳（M）一样繁荣 boom，所以他的 boon(福利)也增加了 N 倍，但有一天他变成了 boor(粗野无礼的人)（r），老板一脚踢（t）了他屁股，把他 boot（解雇）了。

又如，以 ame 结尾的单词有：

tame 温顺的

shame 羞耻

blame 责备

fame 声誉

frame 框架

flame 燃烧

串烧：他（ta）是 tame(温顺的)，认为伤害 (sh) 是 shame(羞耻) 的，打破玻璃 (bl) 也是要被 blame(责备) 的，所以他 fame（声誉）很好，被发（fa）了很多证书，富人（fr）给它做了一个 frame(框架)，俘虏（fl）将它们都 flame（燃烧）了。

### 3. 口诀串烧

**单词串烧的第三种形式是口诀串烧法。**

“黑英语”就有很多这种口诀，比如，《不幸的蛇》：

山里有只 snake(蛇)

不知什么 sake(缘由)

一天突然 wake(苏醒)

赶快爬出 lake(湖水)

口里咬着 cake(蛋糕)

尾巴不停 quake(发抖)

农夫抛下 rake(耙子)

杀死剥皮 bake(烤)

这是一个 mistake(错误)

# 第五节 网络记忆法

背单词除了“各个击破”，还有一种策略是“一网打尽”，这就需要使用“网络记忆法”。网络记忆法就是在把握识记对象之间的种种关系后，通过提取主干、列表绘图、编制系统等手段，把知识内容纳入到大脑中原有的知识结构，使其条理化、系统化和形象化。

网络记忆法来背单词，就是利用单词的关联性，通过分类整理的方式编织成单词网络，可以达到记住一个就能够一网打尽的效果，这里使用思维导图是一个不错的选择。在网上有比较多典型的案例，下面挑选几张图给大家示范一下。

最简单的单词网络是根据物品的属性来分类，比如动物、植物、生活用品等，然后可以继续延伸到相关的单词。下面这张思维导图，由文魁大脑金牌课程顾问官晶老师绘制，源自南京的何迅老师在《思维导图在小学英语语篇教学中的应用研究》这篇文章里举的案例，老师将主题 season（季节）置于中心，延伸出 spring（春天）、summer（夏天）、autumn（秋天）、winter（冬天）

四季，再询问学生：“How is the weather? It’s…（天气感觉怎么样？它是……）”，“What can you do in winter?（在冬天你能够做什么？）”学生们把想到的单词说出来，老师把它们分别写在后面的分支上，

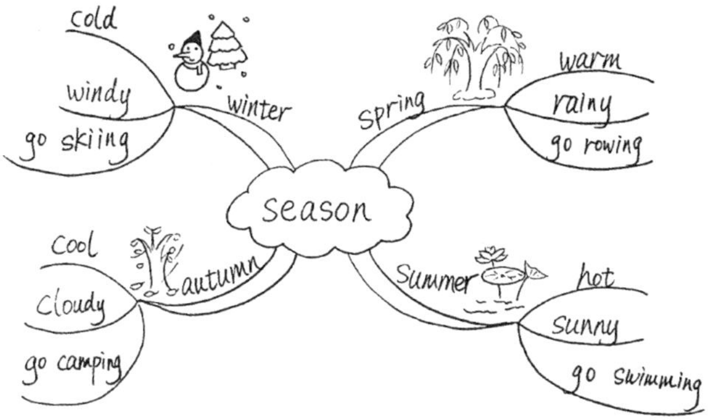


（国际一级记忆裁判、文魁大脑金牌课程顾问 官晶 绘）

最终学生能很好地根据思维导图完整复述出上面的单词。

另外，结合词根词缀也是一种有效的形式。这张是以词根 act 为中心的单词网络，比如加上了后缀 ive 变成了 active（活动的），加上前缀 re 变成了 react（反应），让我们将 act 相关的单词尽收眼底，

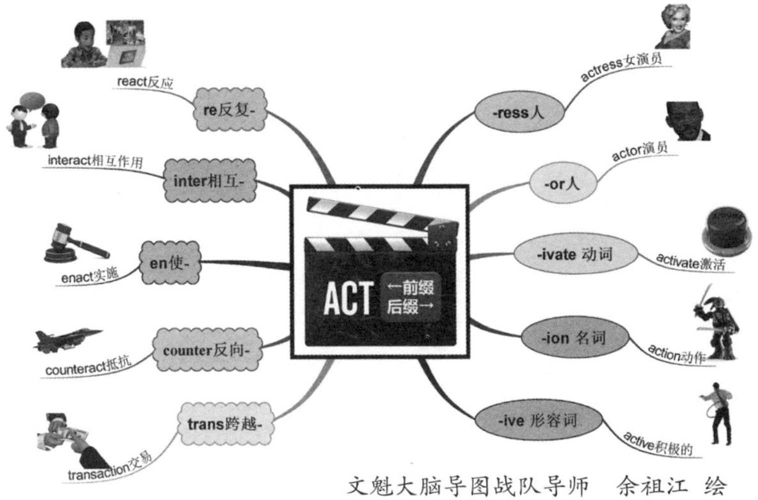


文魁大脑导图战队导师　余祖江　绘

全盘吸收。

台湾的蒋志榆老师编写了一本《史上最强的单词记忆法》，将一个单词从词性、近义、反义、短语四个维度进行拓展，每个单词都延伸出来 10 个单词。这本书做的整理工作对于想短时间内增加词汇量的同学而言，是一个不错的选择，当然，也需要结合其他记忆法，达到最佳的记忆效果。

目前是移动互联网时代，使用手机 APP 来记忆单词也是不错的选择，推荐墨墨背单词、百词斩、图样单词等，随时随地积累单词，积少成多，自然会成为单词高手。

# 第十章 • 数字记忆法

“我的密码又忘掉了，真糟糕！”“你家门牌号多少来着？我来了几次还是记不住！”“你等等，我去找个笔记一下电话！你等等啊！”生活中这样的事情是不是常常发生？当你在为记几个数字而苦恼时，《最强大脑》上的黄金东却可以一个小时将100多个电话记忆下来，是不是很神奇？

在没有学习记忆法前，我也曾闹过笑话，读大学时换了一次手机，因为自信记住了母亲的号码，就没有存在手机里，偶尔给母亲发短信问候，她却很少回复。有一天母亲生日时，我拨了过去，结果发现是另一个人的母亲，原来我一直都叫错妈了，真是囧啊！后来一核对，发现有两个数字记反了，失之毫厘，谬之千里！

后来我苦练记忆数字，因为我的记忆教练告诉我：“数字记忆是全脑记忆训练的基本功，当你把基本功打牢后，记忆其他东西也会轻而易举。”现在的我，生活中有时瞟到一眼别人的身份证或者名片上的电话，会瞬间运用记忆法记住，当我脱口而出时，对方往往会大为惊叹！

很多人问我：“你是不是天生就对数字敏感？”我的答案是：我以前是个“数字盲”，之所以可以这么神奇地记忆数字，只是熟练掌握了本章介绍的技巧，接下来我们一起来学习一下吧！

# 第一节
## 图像锁链法

还记得“钥匙用力地插到鹦鹉身上，鹦鹉‘哇’地一声扑腾着翅膀倒在地上”吗？我们用图像锁链法记住了十个图像的顺序，它们分别是：钥匙、鹦鹉、球儿、尿壶、山虎、芭蕉、气球、扇儿、妇女和饲料。那它们和数字记忆法有何联系呢？本节为你揭秘！

如果你仔细观察一下，一定会发现这些都是数字代码，把它们转化成数字，就是14159265358979323846，是圆周率小数点后面的20位。运用这种方式，我们先来继续挑战一下后面20个数字吧：2643 3832 7950 2884 1971。

接着后面继续联想：饲料扔进了河流里，水花飞溅；河流的浪花冲到死神身上，把他全身都打湿了；死神用镰刀割死了妇女；妇女用双手撕坏了扇子；扇子扇飞了汽球；汽球飞起来带走了奥运五环；奥运五环套住了恶霸；恶霸一拳打中了巴士；巴士撞到了一个衣钩；衣钩钩住了一个鸡翼。

现在你来回想一下吧：

______________________________

运用图像锁链法我们可以记忆稍长一些的数字，比如身份证号、手机号码、长串密码等。以手机号码为例，一般手机号码以1开头，可以不用记，后面10位正好是5个代码。我们看看下面几个虚拟的手机号码：

红孩儿：18938492847

蜘蛛侠：13948592028

喜羊羊：15632418591

在记忆时首先快速反应出代码，红孩儿手机号码，除去1之外，数字代码是：89芭蕉、38妇女、49湿狗、28恶霸、47司机。

可以想象画面：红孩儿扔出一串芭蕉（89）树上，芭蕉落到妇女（38）头上，妇女一脚踢飞了湿狗（49），湿狗咬中了恶霸（28）的屁股，恶霸一拳打倒了司机（47）。

国际一级记忆裁判、文魁大脑金牌课程顾问 官晶 绘

蜘蛛侠的手机号码是13948592028，数字代码是：39 三角板、48 丝瓜、59 蜈蚣、20 按铃、28 恶霸。

想象画面：蜘蛛侠弹出蛛丝粘住三角尺（39），三角尺切断了一根丝瓜（48），丝瓜飞出去砸到蜈蚣（59）的背上，蜈蚣用爪子按响了按铃（20），按铃召唤来了恶霸（28）。

喜羊羊的手机号码是15632418591，数字代码是：56 蜗牛、32 扇儿、41 蜥蜴、85 宝物、91 球衣。想象这样的画面：喜羊羊骑着一只蜗牛（56），蜗牛爬在扇儿（32）上面，扇儿扇到蜥蜴（41）的尾巴上，蜥蜴用舌头卷走了宝物（85），宝物扔出去把球衣（91）砸了一个洞。

在我们想象出这些画面之后，再在脑海中强化一两遍，然而将图像翻译成数字，写在下面的横线上吧。

红孩儿：______________________________

蜘蛛侠：______________________________

喜羊羊：______________________________

# 第二节
## 串烧故事法

2005 年 11 月 20 日，我的朋友吕超经过连续 24 小时的艰苦努力，无差错背诵圆周率达到小数点后第 67890 位，打破了日本人友寄英哲于 1995 年创造的 42195 位的纪录，而他所采用的方法，就是本节分享的串烧故事法。

使用串烧故事法相对图像锁链法要自由一些，只要将其编成一个简洁有趣的故事即可，但同样也要注意按照顺序。一般情况下，两种方法是配合使用的。我们以圆周率下面的 20 位数字为例：6939 9375 1058 2097 4944。

我们可以编成这样的一个故事：数学老师用料酒 (69) 洒在三角尺 (39) 上清洗它，料酒洒出去溅到打着旧伞（93）的舞者（75）身上。舞者非常生气，拿起了棒球（10）棍挥出一个球，不小心打到了一只松鼠（58），松鼠慌乱中按响了一个按铃（20）。按铃遥控着酒器（97）从里面喷出酒来，把狗全身都打湿了，湿狗（49）一甩身上的酒，辣味呛得蛇（44）赶紧逃跑了。

下面 20 位你先来尝试一下吧：5923 0781 6406 2862 0899。

我的故事：一只蜈蚣（59）咬中了和尚（23），让他神智不清，他拿起锄 头（07）锄死了很多白蚁（81），然后把螺丝（64）放进手枪（06）里，拿枪对准了恶霸（28），恶霸吓得骑上牛儿（62）逃跑，还给牛的脚上穿上溜冰鞋（08），却莽撞地压到了一个女孩的脚脚（99），疼得她哇哇大哭。

现在请你来回想一下这 20 个数字：

______________________________

接下来我们拿银行卡号作为训练的素材，先看看下面一个招商银行的，假设它是美国队长的：6225 8827 1036 2002。

我的故事：美国队长骑着牛儿（62），拉着二胡（25），爸爸（88）听着很刺耳，就戴上了耳机（27），并且拿起了棒球棍（10），把山鹿（36）脚下踩的按铃（20）打飞，飞到了屋檐上挂着的铃儿（02）上。

我们闭上眼睛回想一下这个故事，然后把它默写下来吧：

______________________________

练习时间：

请尝试将圆周率前 300 位记忆下来。

3.1415926535 8979323846 2643383279 5028841971 6939937510
5820974944 5923078164 0628620899 8628034825 3421170679
8214808651 3282306647 0938446095 5058223172 5359408128
4811174502 8410270193 8521105559 6446229489 5493038196
4428810975 6659334461 2847564823 3786783165 2712019091
4564856692 3460348610 4543266482 1339360726 0249141273

# 第三节
## 谐音记忆法

关于圆周率，相信很多人听过一个故事：有位教书先生喜欢到山上找庙里的和尚喝酒。他每次走之前留给学生的作业都一样——背诵圆周率。学生们都非常痛苦，有一个聪明的学生编了一段顺口溜：山巅一寺一壶酒（3.14159），尔乐苦煞吾（26535），把酒吃（897），酒杀尔（932），杀不死（384），遛尔遛死（6264），扇扇刮（338），扇耳吃酒（3279），就把它给记住了。这个学生记忆数字的方法，就是谐音记忆法。

数字代码的核心是谐音，可见谐音是记忆数字的法宝，除了代码之外，我们也可以灵活采取其他谐音。

谐音除了声母、韵母相同，也可以是声母相同韵母不同，或者声母不同而韵母相同。比如说“1”可以包括衣、姨、椅、艺，也可以是鱼、玉、爷、野、叶等。另外，0、1、7、9 在邮电部门被读成是洞、腰、拐、勾，也可以根据这个来进行谐音，比如 1 还可以是摇、咬、要等。另外还可以用方言，以及音乐里的哆、来、咪、发、索、拉、西。偶尔用用英文谐音也不错，比如 1 可以谐音成“碗”，

2 就是“兔”。

我们先以手机号码为例：13978125917，我们可以先分段来谐音，13978 可以谐音成“一生就奇葩”，125 谐音成“要爱我”，917 可以谐音成“就一起”，这个号码还挺浪漫的，连起来就是：“一生就奇葩，要爱我，就一起！”又如：13995595798 完全用谐音可以想成：三舅舅呜呜叫我去酒吧。

我们也可以结合数字代码，部分采用其他谐音。比如，15471250318 可以想成一个青年（54）用机翼（71）割断了二胡（25），变成了零散（03）的一把（18）二胡。

另外，我们也可以灵活运用自己熟悉的数字，比如生日、车牌号、常见电话等，这些部分就可以不用谐音。比如，13011974211 这个号码，我把它想成：踩着三轮车（30）的 119 火警送骑士（74）上 211 工程大学。

我们再来看一下各个学科的数据：

（1）自然底数 e ≈ 2.7182818

（2）地球的半径 6371 千米

（3）湄公河全长 4180 千米

（4）马克思出生于 1818 年 5 月 5 日

我们可以这样来运用谐音：

（1）e 可以想象成一只鹅，正对着另一只母鹅说：“爱的妻（2.7），要把偶抱一抱（182818）！”

（2）6371 谐音成“牛上起义”，骑在牛上起义的人连起来有地球半径这么长。

（3）4180 谐音成“死要抱铃”，一个美丽的公公死了也要抱着铃铛。

（4）马克思出生时一爬一爬（1818）的，呜呜（55）地哭着。

# 第十一章 • 人名记忆法

在生活中，你是不是经常会听到别人说“那个谁谁谁”或者“长得怎样怎样的那个人”，就是叫不出别人的名字？你是不是也会有遇到很熟的朋友，却一时大脑“短路”，只好尴尬地笑笑或狼狈地假装没看见？甚至还有的人刚刚听到别人介绍，转头就把名字忘到九霄云外去了，再遇见时别人喊出你的名字，你却只有傻愣着，这样的大脑会让你的人缘变得很糟糕！

然而最强大脑们记起人名却非常轻松，据新华网重庆频道 2014 年 4 月 29 日报道：参加最强大脑的世界记忆冠军王峰在重庆龙湖巴蜀中学高三（1）班演讲时，开场前只花了 10 分钟就将 68 个同学的姓名背了出来，让学生们大为惊叹！目前人名头像的中国纪录保持者是陈智强，他可以在 15 分钟记忆 60 多个外国的人名。

想想看，如果你拥有这么强的记忆人名的能力，你自然会在人际交往中如鱼得水，本章马上就为你分享记忆人名的秘诀！

励志大师戴尔·卡耐基说：“一种既简单又最重要的获取好感的方法，就是牢记别人的姓名。”然而牢记人名并非都那么容易，我们先来看看怎样的人名好记：

（1）名字比较大众化的。比如张军、王伟、李刚。

（2）名字有具体的形象。比如，含有动物、植物、天文、地理、颜色等，如：岳云、潘虹、龚雪；贾岛、金山、于洋；王丹凤、吴海燕、汤仙虎。

（3）有些名字有起源，与一定的事件或典故有关。比如蔡国庆、李援朝、齐跃进。

（4）名字很容易谐音。比如，胡丽晶谐音成“狐狸精”，朱逸群谐音成“猪一群”，杜子腾谐音成“肚子疼”。

（5）名字与名人或熟人相同或相近。“刘全华”可以联想到“刘德华”，他是一个全才；“李开品”可以联想到“李开复”，他的人品很好。

具备这五个特征以后，名字就会比较容易记忆，如果名字没有满足这些要求，我们就需要通过一些技巧让名字变得好记。除了通过有意识地找谐音、找熟人、找意义之外，还可以怎样来处理人的名字呢？

比如，“孙小辉”这个名字，我们可以采取将每个字拆分再造句的方式，变成“孙悟空取得了小小的辉煌”，孙小辉是世界记忆力锦标赛的选手，像孙悟空一样瘦，他是中国首位残疾人“世界记忆大师”，取得了小小的辉煌成绩。“韩广军”这个名字可以联想成韩国广场上的军人，或者寒冷冬天跳广场舞的军人。“吴立康”这个名字可以联想成一只蜈蚣生病之后，吃了药立刻康复了。

比如，著名词人“辛弃疾”，可以想象他躺在病床上很长时间，辛辛苦苦才抛弃了疾病，终于可以下床了。女词人“李清照”，可以想象她是一个自拍狂，她老公对她说："你怎么一清早就照相啊？"

有时候还可以尝试把名字倒过来看看，会不会有一个比较有趣的谐音或者形象呢？比如，"曲定伊"倒过来是"一定去"，"严婉庄"倒过来是"装碗盐"，"罗婷予"倒过来谐音就变成了"雨停喽"，颠倒乾坤豁然开朗，这样好记多了吧！

在姓名中，姓一般是相对固定的，我们可以提前进行图像化处理，变成我们熟悉的代码，编码的方式有以下几种。

（1）直接用本字的图像化，比如"马""牛"；

（2）用本字谐音的图像化，比如"唐"的代码可以是"糖"，"邓"的代码可以是"灯"；

（3）通过增加字的方式图像化，比如"王"想成"国王"，"罗"想成"萝卜"；

（4）用熟悉的名人进行图像化，比如"张"可以想成"张飞"，"孔"可以想成"孔子"；

（5）用拆字的方式，比如"张"可以想成"很长的弓"，"吕"可以想象两张嘴巴，"宋"可以想象用罩子罩住的一棵树。

接下来，请用以上几种方式，给根据最新人口普查产生的新"百家姓"前100名进行编码吧，把你最先想到的具体形象写下来，如果有代码相同的，需要进行一下调整，比如"牛"的代码是"牛"，"刘"就不要用"牛"，可以用谐音之外的方式，比如联想到名人"刘德华"，或者拆字想到一个拿着刀的文人。

**中国常见姓氏代码表**

| 姓氏 | 代码 | 姓氏 | 代码 | 姓氏 | 代码 | 姓氏 | 代码 | 姓氏 | 代码 |
|---|---|---|---|---|---|---|---|---|---|
| 王 | | 李 | | 张 | | 刘 | | 陈 | |
| 杨 | | 黄 | | 孙 | | 周 | | 吴 | |
| 徐 | | 赵 | | 朱 | | 马 | | 胡 | |
| 郭 | | 林 | | 何 | | 高 | | 梁 | |
| 郑 | | 罗 | | 宋 | | 谢 | | 唐 | |
| 韩 | | 曹 | | 许 | | 邓 | | 萧 | |
| 冯 | | 曾 | | 程 | | 蔡 | | 彭 | |
| 潘 | | 袁 | | 于 | | 董 | | 余 | |
| 苏 | | 叶 | | 吕 | | 魏 | | 蒋 | |
| 田 | | 杜 | | 丁 | | 沈 | | 姜 | |
| 范 | | 江 | | 傅 | | 钟 | | 卢 | |
| 汪 | | 戴 | | 崔 | | 任 | | 陆 | |
| 廖 | | 姚 | | 方 | | 金 | | 邱 | |
| 夏 | | 谭 | | 韦 | | 贾 | | 邹 | |
| 石 | | 熊 | | 孟 | | 秦 | | 阎 | |
| 薛 | | 侯 | | 雷 | | 白 | | 龙 | |
| 段 | | 郝 | | 孔 | | 邵 | | 史 | |
| 毛 | | 常 | | 万 | | 顾 | | 赖 | |
| 武 | | 康 | | 贺 | | 严 | | 尹 | |
| 钱 | | 施 | | 牛 | | 洪 | | 龚 | |

接下来，我们以梁山好汉为例，再举一些人名。按照排名，第一位是“宋江”，谐音可以变成“送江”，送朋友过长江；第二位是“卢俊义”，可以编成一句话：炉子旁边有一只俊俏的蚂蚁；第三位是“吴用”，谐音为“无用”；第四位是“公孙胜”，老公公和孙子比赛胜利了；第五位是“关胜”，关羽举着胜利的剪刀手；第六位是“林冲”，在树林里玩冲浪；第七位是秦明，

联想到“秦时明月汉时关”这句诗，进而想到明月下插着写着“秦”字的旗帜，或者是谐音想到“清明”，联想到“清明时节雨纷纷”；第八位是“呼延灼”，想把呼啦圈延长一些，结果着火了；第九位是“花荣”，镶着花边的荣誉证书；第十位是“柴进”，一个人背着柴进门。如果我们再将数字代码和其进行联想，就可以将108个好汉进行任意点背，有兴趣可以挑战一下，我有学生花一个小时就做到了，你敢挑战吗?

**梁山108好汉排名榜**

| | | |
|---|---|---|
| 001 天魁星呼保义 宋江 | 037 地魁星神机军师 朱武 | 073 地隐星白花蛇 杨春 |
| 002 天罡星玉麒麟 卢俊义 | 038 地煞星镇三山 黄信 | 074 地异星白面郎君 郑天寿 |
| 003 天机星智多星 吴用 | 039 地勇星病尉迟 孙立 | 075 地理星九尾龟 陶宗旺 |
| 004 天闲星入云龙 公孙胜 | 040 地杰星丑郡马 宣赞 | 076 地俊星铁扇子 宋清 |
| 005 天勇星大刀 关胜 | 041 地雄星井木犴 郝思文 | 077 地乐星铁叫子 乐和 |
| 006 天雄星豹子头 林冲 | 042 地威星百胜将 韩滔 | 078 地捷星花项虎 龚旺 |
| 007 天猛星霹雳火 秦明 | 043 地英星天目将 彭玘 | 079 地速星中箭虎 丁得孙 |
| 008 天威星双鞭 呼延灼 | 044 地奇星圣水将 单廷珪 | 080 地镇星小遮拦 穆春 |
| 009 天英星小李广 花荣 | 045 地猛星神火将 魏定国 | 081 地稽星操刀鬼 曹正 |
| 010 天贵星小旋风 柴进 | 046 地文星圣手书生 萧让 | 082 地魔星云里金刚 宋万 |
| 011 天富星扑天雕 李应 | 047 地正星铁面孔目 裴宣 | 083 地妖星摸着天 杜迁 |
| 012 天满星美髯公 朱仝 | 048 地阔星摩云金翅 欧鹏 | 084 地幽星病大虫 薛永 |
| 013 天孤星花和尚 鲁智深 | 049 地阖星火眼狻猊 邓飞 | 085 地伏星金眼彪 施恩 |
| 014 天伤星行者 武松 | 050 地强星锦毛虎 燕顺 | 086 地僻星打虎将 李忠 |
| 015 天立星双枪将 董平 | 051 地暗星锦豹子 杨林 | 087 地空星小霸王 周通 |
| 016 天捷星没羽箭 张清 | 052 地轴星轰天雷 凌振 | 088 地孤星金钱豹子 汤隆 |
| 017 天暗星青面兽 杨志 | 053 地会星神算子 蒋敬 | 089 地全星鬼脸儿 杜兴 |
| 018 天佑星金枪手 徐宁 | 054 地佐星小温侯 吕方 | 090 地短星出林龙 邹渊 |
| 019 天空星急先锋 索超 | 055 地佑星赛仁贵 郭盛 | 091 地角星独角龙 邹润 |

| | | |
|---|---|---|
| 020 天速星神行太保 戴宗 | 056 地灵星神医 安道全 | 092 地囚星旱地忽律 朱贵 |
| 021 天异星赤发鬼 刘唐 | 057 地兽星紫髯伯 皇甫端 | 093 地藏星笑面虎 朱富 |
| 022 天杀星黑旋风 李逵 | 058 地微星矮脚虎 王英 | 094 地平星铁臂膊 蔡福 |
| 023 天微星九纹龙 史进 | 059 地慧星一丈青 扈三娘 | 095 地损星一枝花 蔡庆 |
| 024 天究星没遮拦 穆弘 | 060 地暴星丧门神 鲍旭 | 096 地奴星催命判官 李立 |
| 025 天退星插翅虎 雷横 | 061 地然星混世魔王 樊瑞 | 097 地察星青眼虎 李云 |
| 026 天寿星混江龙 李俊 | 062 地猖星毛头星 孔明 | 098 地恶星没面目 焦挺 |
| 027 天剑星立地太岁阮小二 | 063 地狂星独火星 孔亮 | 099 地丑星石将军 石勇 |
| 028 天竟星船火儿 张横 | 064 地飞星八臂哪吒 项充 | 100 地数星小尉迟 孙新 |
| 029 天罪星短命二郎阮小五 | 065 地走星飞天大圣 李衮 | 101 地阴星母大虫 顾大嫂 |
| 030 天损星浪里白条 张顺 | 066 地巧星玉臂匠 金大坚 | 102 地刑星菜园子 张青 |
| 031 天败星活阎罗 阮小七 | 067 地明星铁笛仙 马麟 | 103 地壮星母夜叉 孙二娘 |
| 032 天牢星病关索 杨雄 | 068 地进星出洞蛟 童威 | 104 地劣星活闪婆 王定六 |
| 033 天慧星拚命三郎 石秀 | 069 地退星翻江蜃 童猛 | 105 地健星险道神 郁保四 |
| 034 天暴星两头蛇 解珍 | 070 地满星玉幡竿 孟康 | 106 地耗星白日鼠 白胜 |
| 035 天哭星双尾蝎 解宝 | 071 地遂星通臂猿 侯健 | 107 地贼星鼓上蚤 时迁 |
| 036 天巧星浪子 燕青 | 072 地周星跳涧虎 陈达 | 108 地狗星金毛犬 段景住 |

**练习时间：**

结合人名记忆法和情境故事法等方法，将下列知识点记住。

1. 初唐四杰：王勃、杨炯、卢照邻、骆宾王
2. 北宋文坛四家：黄庭坚、欧阳修、苏轼、王安石
3. 元曲四大家：关汉卿、郑光祖、白朴、马致远
4. 明江南四才子：唐伯虎、祝枝山、文徵明、周文宾
5. 当代散文四家：杨朔、秦牧、魏巍、刘白羽

# 第十二章 • 面孔记忆法

在学会记人名之后，我们还需要记住面孔，并且将其对上号。面孔都是鼻子、眼睛、嘴巴的组合，难免会出现长得很像的，就连明星也会“撞脸”，汪峰像白岩松，章子怡像巩俐，刘星像夏雨，芙蓉姐姐像郭冬临……

不过这种“像”也可以帮助我们来记忆，我们在遇到一个陌生人时，如果能够发现他长得像某个明星或者是自己的亲戚朋友，是不是就很容易记住了呢？除了整体形似某个人之外，还可以通过局部的形似，我们经常会说“你的眼睛长得好像赵薇，好大啊！”“你的眼睛像孙红雷，太小了！”“你的嘴唇长得很像舒淇，很厚很性感！”通过这些局部的特征与明星找到联系，也是有助于我们的记忆。

我们生活中还有一个现象，就是很多人喜欢给别人起“绰号”，也就是根据别人的相貌或体型特征给他另外起一个非正式的名字，大都含有亲昵、开玩笑或嘲弄的意味。梁山好汉基本上都有一个绰号，比如李逵：“人见我生得黑，起个绰号叫俺做‘黑旋风’。”一些影视明星也有广为流传的绰号，比如刘亦菲因为她的脸胖嘟嘟的，外号“包子”，李宇春因衣着和发型像洋葱而被叫作“小葱”。既然绰号是大家都容易记的，我们也可以用“绰号记忆法”，学会去观察人物的突出特征，并将这个特征用一个形象生动的词语描绘出来。

《最强大脑》上的“都教授”杨冠新，面对 1770 张合成的韩国美女照片，居然可以准确无误地辨识出来，让人叹为观止，这和他通过世界记忆力锦标赛人名头像项目训练出来的超强观察力分不开！

对于面孔如何观察呢？我们可以对面部特征从以下部分来分类观察。

## 1. 头

当你正面面对一个人时，一个人的脑袋可以分为“大、中、小”三类。每一类又可以细分为：1 方型；2 长方型；3 圆型；4 椭圆型；5 尖头顶的三角型；6 尖下巴的三角型；7 宽型；8 窄型；9 骨骼粗大型；10 骨骼纤细型。

如果从侧面看一个人的头部，你会发现这个视觉角度看到的头部类型有很多，大致包括：1 方型；2 长方型；3 椭圆型；4 宽型；5 窄型；6 圆型；7 面部扁平型；8 顶部扁平型；9 后部扁平型；10 后部圆匀型；11 前额倾下巴突出的三角型；12 下巴后削前额隆起的三角型。

## 2. 头发

头发的样式很多，但有以下基本的特征：1 浓密的；2 稀疏的；3 卷曲的；4 笔直的；5 分头；6 背头；7 平头；8 秃头；9 中分头；10 长发；11 短发；12 特殊颜色的。

## 3. 前额

人的前额一般可分为以下几类：1 高的；2 宽的；3 窄的；4 两鬓之间较窄；5 平坦的（无皱纹）；6 有横的皱纹；7 有竖的皱纹。

## 4. 眉毛

1 浓的；2 淡的；3 长的；4 短的；5 两眉相连；6 两眉分开；7 平直的；8 八字型；9 双眉上挑；10 末梢细的。

### 5. 眼睫毛

1 浓的；2 稀的；3 长的；4 短的；5 弯的；6 直的。

### 6. 眼睛

1 大的；2 小的；3 突出的；4 深陷的；5 两眼靠近；6 两眼远离；7 上斜；8 下斜；9 不同颜色；10 两眼大小不同；11 白眼仁多，黑眼仁少；12 白眼仁少，黑眼仁多。

### 7. 鼻子

从正面看：1 大的；2 小的；3 细长的；4 较宽；5 居中。

从侧面看：1 直的；2 扁平的；3 带尖的；4 不带尖的；5 狮子鼻；6 鹰勾鼻；7 凹陷的。

鼻孔分为：1 直的；2 弯的；3 向外张开；4 向上翘起；5 孔大的；6 孔小的；7 长毛的。

### 8. 颧骨

正面看人时，颧骨常常是脸型的主要特征，通常有：高颧骨、突出的、平坦的。

### 9. 耳朵

耳朵可以分为以下几类：1 大的；2 小的；3 扭曲的；4 较平的；5 圆的；6 椭圆的；7 三角的；8 紧贴头皮的；9 翘起的；10 大耳垂的；11 无耳垂的。

### 10. 嘴唇

1 上唇长；2 上唇短；3 唇小的；4 唇厚的；5 长的；6 薄的；

7 向外翻；8 向里翻；9 弓形的；10 性感的；11 红润的；12 苍白的。

## 11．下巴

从正面看有：1 长的；2 短的；3 尖的；4 方的；5 圆的；6 双下巴；

从侧面看有：翘起的；直的；回折的。

## 12．皮肤

1 白净的；2 黝黑的；3 粗糙的；4 滑润的；5 油性的；6 干性的；7 黄的；8 苍白的。

其他还包括手、肢体、牙齿、声音、语调、服饰等特征，每个人都不一样，要去多观察多比较，发现细微的不同，这样可以有助于我们记忆。

当我们观察出这些特征之后，将最突出的特征找出来，记忆专家凯文都迪称之为“视桩”，比如耳朵大就想象成猪八戒，鼻子弯就想象成是老鹰的鼻子，接下来我们就要将名字的图像与视桩进行联想。我们以学前测试的十个面孔为例来讲解。

张蒂珍

欧阳荷媛

李兰梦

赵欣琪

朱子倩

喻敏佳

包柳馨

常国辉

马晓云

纪奎

（1）名字联想：张蒂珍，张飞将烟蒂串成珍珠。

面孔视桩：又细又长的脖子，以及上面的项链。

联想：张飞将烟蒂串成珍珠，挂在她又细又长的脖子上，就是现在这条项链。

（2）名字联想：欧阳荷媛，谐音：藕养荷园。

面孔视桩：白色衣服，像是一位修女。

联想：一位修女买来烂藕在荷园里做肥料，她称之为“藕养荷园”。

剩下的你来想一想吧。

（3）李兰梦________________________________

面孔视桩：________________________________

联想：________________________________

（4）赵欣琪________________________________

面孔视桩：________________________________

联想：________________________________

（5）朱子倩________________________________

面孔视桩：________________________________

联想：________________________________

（6）喻敏佳________________________________

面孔视桩：________________________________

联想：________________________________

（7）包柳馨________________________________

面孔视桩：________________________________

联想：________________________________

（8）常国辉________________________________

面孔视桩：________________________________

联想：______________________________

（9）马晓云______________________________

面孔视桩：______________________________

联想：______________________________

（10）纪奎______________________________

面孔视桩：______________________________

联想：______________________________

**参考联想（由国际记忆大师、文魁大脑俱乐部会员童勋璧提供）：**

（3）李兰梦 故事联想：李白抱着兰花做梦。

面孔视桩：黑色马夹　。

联想：李白穿着一件黑色马夹，抱着兰花站着在做白日梦。

（4）赵欣琪 谐音联想：找新旗。

面孔视桩：眼镜和马尾辫。

联想：你戴着眼镜找插着新旗的马尾巴。

（5）朱子倩 谐音联想：珠子嵌。

面孔视桩：白色的发箍。

联想：很多颗珠子镶嵌在白色的发箍里。

（6）喻敏佳 谐音联想：渔民家。

面孔视桩：金黄色头发。

联想：渔民家捕到了一条金黄色头发的美人鱼。

（7）包柳馨 谐音联想：包流星。

面孔视桩：面包脸。

联想：天空中包子那么大的流星砸到她的面包脸上。

（8）常国辉 谐音联想：尝国徽。

面孔视桩：熊猫眼。

联想：动物园里的熊猫正在尝国徽的味道。

（9）马晓云 倒字联想：小马云。

面孔视桩：鹅卵石形状的脸。

联想：小马云在河边捡鹅卵石在淘宝上卖。

（10）纪奎 谐音联想：击溃。

面孔视桩：满脸胡子，想到了李逵。

联想：李逵以一敌百，击溃了朝廷的官兵。

练习时间：

请记忆下列8个美女帅哥的名字。

杨 琼

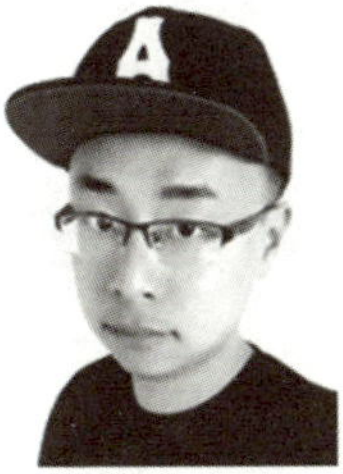

刘子卓

吕柯姣

何芷仪

韩广军

高 隽

杜星默

杨 洁

请答题：

________

________

________

________

________

________

________

________

# 第十三章 • 记忆锦标赛

世界记忆力锦标赛是见证记忆奇迹的比赛，赛事共设有十个比赛项目，分别为：二进制数字、虚拟历史事件、一小时扑克牌、一小时数字、人名头像、抽象图形、随机单词、扑克牌速记、数字速记、听记英文数字。

世界记忆运动委员会 2020 年对“世界记忆大师”标准进行了级别划分，“国际记忆大师”需要参加世界记忆力锦标赛十大项目总分达到 3000 分，并且达到以下三个标准：

1. “一小时扑克牌”成绩达到 14 副牌及以上（756 张）以上；

2. “一小时数字”成绩达到 1400 个数字以上；

3. “一副扑克牌”完全正确记忆的时间在 40 秒以内。

“特级记忆大师”除此之外还要达到当场比赛总分 5500 分以上，并且是在非“特级记忆大师”的选手中总分排名前五，2013 年之前的所有记忆大师均称为“特级记忆大师”，“国际特级记忆大师”则要求 6500 分以上，代表了世界上对于记忆水平的最高评定标准，全球仅有十多人。

中国人在这项赛事中起步较晚，2003 年诞生首两位记忆大师，2010 年、2011 年、2014 年、2015 年、2017 年、2018 年在中国举办比赛后，大批记忆大师如雨后春笋般诞生，截止 2018 年 12 月，全球共有 600 多位记忆大师，而中国就有 500 位左右。

在本章我为有志于挑战记忆极限的朋友分享快速数字、快速扑克、随机词汇三大项目的训练方法，这三大项目是获得参加世界记忆力锦标赛资格的“铁三项”，同时也是训练记忆力的基本功，不考虑参赛的朋友达到每个项目的普通级别即可。

# 第一节
## 快速数字

《最强大脑》第一期“辨音美少女”黄华珠边弹钢琴边记忆 88 个琴键上的数字，她的才艺源于她参加过世界记忆力锦标赛，并且是 2010 年中国最年轻的“世界记忆大师”。目前 5 分钟记忆数字的世界纪录是 608 个，由中国第二位世界记忆总冠军、初二学生韦沁汝在 2018 年底创造。

快速数字项目要求在 5 分钟内记忆尽可能多的数字，对于记忆的速度以及准确度都有严格的考验，每行 40 个数字，全对得 40 分，如果有一个错误或者空白，得一半分数，如果有两个及以上的失误，这一行就没有分数。这种计分方式让这个项目极具挑战性，未来的“最强大脑”们，一起跟着我分阶段来学习吧！

### 第一阶段：熟悉代码

00 ~ 99 这 100 个数字代码是我们记忆数字的基础，我们看到数字需要以最快的速度反应出图像。我们可以分批来解决，开始时先将前 50 个代码迅速浏览一遍，将每一个代码的编码方式熟悉，对图片有个大致的印象。然后开始每 10 个为一组各个击破，记完了之后就按照顺序说一遍，也可以随机抽查来考考自己。前面 50 个记完之后，可以将它们来一遍总复习，并随机考查一下自己。依此类推，我们可以将后面 50 个记熟，复习这 50 个之后我们就 100 个一起来，从 00 想到 99，从 99 想到 00，把没有反应出来的数字写在纸上，最终再来集中强化没有记住或反应慢的。

刚开始训练时可以尝试读出来，特别是一些谐音代码，通过读音很容易来记忆，注意读的时候有些数字读音有所不同，比如“1”在“13”里读作“y ī ”，在“14”里读作“y āo”，在“16”里则读作“sh í ”。有些谐音你觉得不够像，比如“23”和“和尚”，可以多读几遍，尽量把它们的读音往一起靠。

在初学记忆的第一周，每天将数字代码从 00 想到 99，从 99 想到 00，这是必备的功课，拿一个专门的笔记本作为记忆训练本，将你每次用的时间记录下来，如果能够在 50 秒内正着想一遍，说明已经比较熟悉了。

另外，为了检验抽查的效果，我曾经将 00 ~ 99 所有数字分别写在 100 张小纸片上，通过抽查把它分成了熟悉、夹生、陌生三堆，快速抽出一张纸片，能够在 1 秒内反应出来的就放进熟悉堆里，卡壳了很久还没想起的就放在陌生堆里，其他的放在夹生堆里。将陌生和夹生堆里的重点复习之后，先来抽查夹生堆里的，如果反应出来就放在熟悉堆里，不行的话就放在陌生堆里，最后将陌生堆里的抽查和复习几次，直到最后所有的都放在熟悉堆里为止。这样让代码记忆变成了一种游戏，更有趣！

如果有些代码不是很好记，也可以适当更改，要注意一些原则。首先我们的代码要是具体的图像，所以类似 17“一起”，

19“依旧”，20“爱你”等，一般不会用来做图像代码。它需要进行一个转化，比如“爱你”可以想成是玫瑰花或者新娘等图像。

相对而言，人物比动物好，动物比静物好，但并不表示所有代码都要换成人物，最好还是人物、动物、静物都有一些，这样在记忆时比较容易区分，但是如果要更换个别的编码，可以考虑这个优先顺序。人物里特征突出的又好一些，比如猪八戒、孙悟空就比普通人物要好，而且猪八戒还有个钉耙可以用来耙，孙悟空的金箍棒可以用来打，所以我的代码人物一般是充满想象力的电影或者游戏里面的，比如我们小时候玩儿的经典游戏《街头霸王》《忍者神龟》《三国志》等，年轻的读者也可以使用铠甲勇士、奥特曼、变形金刚等作为代码。如果人物没有特征，我们可以通过想象赋予他一定特征，比如我会想象我的妈妈系着围裙拿着大铲子在炒菜的形象，我的爷爷则是拿着锤子在钉钉子的形象。

次之的选择就是动物了，当然有特征的同样优先，比如用喜羊羊、灰太狼、唐老鸭就比普通的羊、狼、鸭容易记忆。连动物都想不到，那就找一个可以对其他东西发生动作的物品，至少是可以移动的物品。比如11可以想成是筷子，可以用来夹别的东西，比用铁轨要好一些。18也可以用泥巴，比石坝要好一些，我们可以用泥巴去涂抹别的东西，可以用泥巴来砸别的东西，但是石坝则笨重且不容易移动。

**用物品做代码还需要注意几点：**

（1）**要熟悉。**比如38可以想成桑巴舞，但你可能不熟悉，不如38妇女节。85可以谐音为巴乌，是一种乐器，如果没见过则可以想成“宝物”，想成一个金元宝。

（2）**大小适中。**比如92是球儿，如果用指甲盖那么大的玻璃球，就显得非常小了，用地球又显得太大了，用足球还比较合适，符合人的视觉习惯。

**（3）具体物品。**物品要具体，而不是一个很抽象的东西，比如 80 可以谐音成“巴黎”，但是什么是“巴黎”？我们需要找一个标志性的物品来代替，所以选择的代码是巴黎的埃菲尔铁塔。

**（4）有特征。**一根长着刺的狼牙棒就要比一般的棒子好，一个皇帝坐的龙椅就比普通的椅子特别。不同代码之间要注意区别，比如 39 谐音为“三角尺”、43 也可以谐音为“石山”，这就比较容易混淆，我们可以将 43 改为“死神”。

我们更换代码后可以找到相应的图片，找的时候相素要高一些，主体清晰完整，角度正常，立体化，有色彩，最好是有动感的。更换代码不要太频繁，最好在熟记之前就变动，之后只在实在觉得不合适时再变动。

**经过初步熟悉并更换代码之后，还有四个强化记忆代码的方法：**

**（1）对每个代码进行直映训练。**每个代码的观察时间在 30 秒左右，回想时间在 30 秒左右，反复观察后闭眼开始回想，想不清楚时再睁眼看图，直到图像能够清晰映在脑海里。在观察时要注意强调图像的突出特点，比如鹦鹉的爪子、鳄鱼的牙齿。这种训练并不是一次性的，每个代码都需要在以后反复做。

**（2）对每个代码进行活化训练。**让脑海中的代码图像动起来，赋予它们一个特定的动作，比如想到 25 二胡时，二胡就拉一下弦，想到 49 湿狗时，湿狗就甩一甩头上的水，当然如果能够想到声音就更好了。

**（3）对所有代码进行快速浏览。**可以用 PPT 的自动播放功能，刚开始可以设置得慢一些，看到一张图片就像拍照一样看一眼，在看这张图片的时候就要想到下一张图片是什么，如果能够在 1 秒翻 1 张时都反应自如，就已经不错了。这个训练主要在熟悉代码的初期进行。

（4）**专业记忆选手进行的“读数训练”**。它不是说看到数字把它读出来，而是指看到每两位数就要在脑海中想到它的图像，并且这个图像是需要有一些动感的，比如鳄鱼张开嘴咬，二胡拉一下弦。尽量能够保证图像清晰，但不要太多细节，突出的特征想出来就可以了。

好吧，先来训练一轮读数，初学者从 40 个开始：

8472679769745162660634866393878393327482

**我来分享一下我脑中的图像：**

84 巴士迎面快速开过来，72 企鹅将翅膀拍在一起，67 拿起油漆桶泼出油漆，97 酒器里倒出来酒，69 拿起料酒瓶砸下去，74 骑士骑的马马蹄踩下去，51 工人用电钻在钻，62 牛儿狂奔过来用头顶……

读完了将时间写在旁边，每次记录自己的时间可以看到自己的成长，积累成就感，把没想起来的代码画个圈，找出图像来复习一下，把容易混的记录下来。读数练习 40 个是基础，当你能够 15 秒顺利读完 40 个数字时，恭喜你可以升级啦，开始练习 80 个，接下来根据自己训练的水平，依次可以增加到 120 个，160 个，甚至一次训练 1000 个。读数训练的目的是进一步熟悉数字代码，训练直映能力，为自由应用打好基础，所以这是类似于扎马步的基本功，一定要踏踏实实地训练好。你也可以扫描关注“最强大脑胡小玲”微信公众号，上面有读数神器、数字闪视等各种训练工具，方便你随时随地进行训练。

胡小玲微信公众号

## 第二阶段：联结训练

联结训练就是将两个代码图像用动词联结在一起。比如 25 和 32，二胡和扇子，联结时前一个对第二个发生动作，二胡可以想象拉的时候前面尖的部分捅破了扇子，也可以想象二胡像锯子一样拉破了扇子，还有拿着二胡砸向扇子，等等。平时可以做发散式练习，和同伴一起，各取所长，集思广益，然后选择比较好的方式。另一种是快速联结，两个代码一联，接下来是下面两个，联结想要迅速，就要平时多练习，练多了可能有些联结就会固定下来，每个代码的常用动作就会只取其一，比如我的二胡就是“锯”，对某个代码的动作也是固定的，看到鳄鱼就锯它的头部，鳄鱼的反应也相对固定，张开嘴巴流着眼泪。相对固定了这是好事，速度就练出来了，就会形成条件反射。

联结的原则是：两两接触、生动、夸张、动态、视听味触等多种感观以及自身情感的融入，并不是所有因素都要有，但尽可能有前面四种。刚才那组数字我来示范一下：

8 4 7 2 6 7 9 7 6 9 7 4 5 1 6 2 6 6 0 6 3 4 8 6 6 3 9 3 8 7 8 3 9 3 3 2 7 4 8 2

84 巴士 72 企鹅　巴士撞飞了一只巨大的企鹅。

67 油漆 97 酒器　用油漆刷新了一个古代的酒器。

69 料酒 74 骑士　料酒淋得骑士满身都是。

51 工人 62 牛儿　工人用电钻钻到了牛儿的牛角上，牛儿很疼。

66 溜溜球 06 手枪　我手拿溜溜球砸掉了敌人的手枪。

34 三丝 86 背篓　一盘凉拌三丝倒在了背篓里面。

好啦，举例到此为止。联结练习同样也要计时，并且从 40 个开始慢慢增加，80 个，120 个，甚至到 1000 个，一般来说 40 个在 10 秒内是还不错的成绩，我们可以自己定义一个升级的标准。可以先花 20 小时做联结的训练，再考虑加入实战记忆。联结训练可以作为平时实战记忆的热身，一般在正式比赛前我们也会做几组训练。

### 第三阶段：实战记忆

进入实战记忆训练之后，如果每次训练时间以 1 小时来计算的话，我会安排 30 分钟进行读数和联结训练，另外花 30 分钟来练习几组记忆。在后期达到 5 分钟记忆 200 个数字后，我就只需要安排 15 分钟进行联结训练，45 分钟实战记忆，在 5 分钟能够记忆 300 个数字以后，联结训练就可以减少到 5 分钟了。

实战记忆时，几乎所有的选手都是用地点定桩法，所以我们需要提前准备好地点，这些地点都是我们已经记在脑海中的。首先可以闭上眼睛，熟悉一下我们的地点，用下面这张开心农场的地点，花 1 分钟时间在脑海中快速回想两遍，注意你无须知道那个地方的中文命名，只要想到那个地方的图像就可以了。

接下来，回想完了以后来调整一下呼吸，吸气 4 秒，憋住 4 秒，吐气 8 秒，憋住 4 秒，多做几次，慢慢让自己的心情平静下来，在脑海中想象一幅美好的画面，比如蓝天白云，帮助自己很快进入到右脑状态。好了，现在告诉自己："我的记忆力非常棒，我一定可以完全正确记住这 40 个数字！"要相信自己，潜意识的暗示才会发生作用，因为我们的潜意识不会辨别真假，我们在右脑状态下输入的信息它都会当成真的。想象一下你完全正确记忆下来的美好心情，然后我们开始挑战。

现在，还有 10 秒钟就要开始了，脑海中回想到第一个地点，箭在弦上，马上开弓，5、4、3、2、1，开始！（按下秒表）

4 8 8 9 8 4 8 3 6 1 5 0 1 9 3 0 1 1 0 6 4 8 4 3 9 1 6 8 7 1 0 5 6 3 9 7 5 0 7 6

好，当你再次按下秒表时，表示你已经记完了，一般来说，40 ~ 120 个都尽量尝试看一遍就记住，练到更多时可以在记完一遍后再快速复习一遍，王峰 5 分钟记 500 个数字也是如此。记完之后，我的习惯是闭眼回想一遍地点上的图像，然后再写答案。

先来分享一下我是如何记忆这组数字的吧。

地点 1：瓷砖　4889 丝瓜、芭蕉 我手拿丝瓜拍到了芭蕉上，芭蕉汁溅得瓷砖上到处都是。

地点 2：花　8483 巴士、芭蕉扇　巴士把巨型芭蕉扇撞倒了，压扁了花。

地点 3：水田 6150 儿童、奥运五环 儿童把奥运五环插在水田里。

地点 4：山 1930 衣钩、三轮车 用衣钩把三轮车钩到山上去。

地点 5：白云 1106 梯子、手枪 把梯子拉弯当弹弓把手枪弹到白云上面。

就写这五个供大家参考吧，这五个的联结方式有细微的不同，大家也可以在实践过程中多去尝试。在记忆时要注意两个代码之间的顺序问题，一般来说，前一个主动后一个被动，也可以通过上下、左右、内外这种空间关系来区分，比如设定好地点左边的为前面一个代码，右边的为后面一个代码。

训练完记忆后也不是就万事大吉了，不管是完全正确还是有些失误，都不意味着一次训练的结束，正确了要及时鼓励并且总结经验，失误了要告诉自己："太棒了，又是一次提升自己的机会。"

总结可以从心法和技法两个层面，心法即训练时的心理状态怎么样，是不是过度紧张或过度放松，注意力有没有集中，有没有看漏数字或看错行，记忆时的节奏有没有保持匀速等。

技法则要从代码、联结、地点三个方面去总结，代码和联结的总结在前面都已经说过了，如果地点上只有一个图像，说明是两个图像的联结还不够紧密；如果两个图像都没有，可能是和地点联结不够紧密，也可能是地点本身的问题，比如有些地点过高或过低，过明或过暗，不符合人的视觉习惯。还有的是几个地点之间容易混淆，这个地点上的记到另一个地点上，可能是相邻地点间的距离太小，或是这些地点看上去比较相像，没有区分开来。对于不好的地点我们一般也要舍弃，不断调整才能打造出一套"黄金地点"。

训练完之后，要在记录本记下每次训练的成绩、正确率、错误的地方、总结的内容、改进的建议等，并且在记录本的空白处写下自己的目标、鼓励自己的话，我们可以用不同颜色的笔来写。

平时训练时我们是固定记忆的数量，一般是从 40 个开始，达到 1 分钟内正确记忆以后，可以增加到 60 个或 80 个。当达到一定的水平后，还要进行 5 分钟记忆训练，根据平时的水平预估一下记忆的量，先保证能够两遍记完，如果有多的时间，也可以回头再复习一次，特别是那些平时准确率不是很高的选手，也可以继续往后抢记，最后一排有特别规定，从第一个开始，写对多少得多少分，有一个错则得一半，比如这一行你从第 1 个开始写到第 15 个，如果它们是全对的，你可以得 15 分；如果有 1 个错误或空白，得一半得分数，四舍五入后得 8 分；如果有 2 个或以上错误或空白，不得分。在世界比赛上，快速数字有两次机会，一般选手会在第一次保守发挥，第二次冲击更高的成绩。

关于数字训练，在公众号“袁文魁”（ID：yuanwenkui1985）下方对话框回复“数字记忆 2021”，可以获取最新版教学视频。这些都是针对初学者的，其实还有一些细节方面的技巧，需要训练后才能体会到，限于篇幅不便多谈。

这里提供一个成绩标准供大家参考：

入门级：5 分钟记忆 40 个

普通级：5 分钟记忆 100 个

达人级：5 分钟记忆 200 个

高手级：5 分钟记忆 280 个

大师级：5 分钟记忆 360 个

冠军级：5 分钟记忆 600 个

# 第二节
## 快速扑克

《最强大脑》第二季中德对抗赛中，大家可以看到王峰与西蒙的巅峰对决，最终王峰以 19.80 秒的成绩打破了世界纪录。其实扑克记忆也是世界记忆力锦标赛的项目，分为 5 分钟的快速记忆和 1 小时马拉松记忆，快速扑克需要选手尽可能快地记住一副扑克牌。记忆扑克并非是打造赌神，它是一个训练大脑记忆力、联想力和思维速度的体操，也是排除语言差异评价各国选手记忆力的一个绝佳项目，只要 2 分钟内能够完全正确记忆一副扑克牌，就可以达到记忆大师的一个标准。2017 年中国选手邹璐建在世界脑力锦标赛上创造了 13.96 秒的世界纪录，也许未来还会有选手在 10 秒以内。

扑克记忆的规则是，除去大小王，裁判洗完牌后交给选手，选手左手拿牌放在魔方记时器上，总裁判说开始之后，选手需要按顺序记住 52 张扑克牌的花色和点数，记忆完毕双手放在魔方记时器上，然后把牌放在一边。比赛一共有 5 分钟时间，如果有多的时间，可以回忆一下。5 分钟之后，选手将拿到另外一副新的扑克牌，选手需要在 5 分钟内按照刚才记忆的顺序找出来，然后和裁判一一对牌，如果全对，时间就有效，一旦出错，基本上就没有分数了。这也是这个项目惊心动魄的原因，因为冠军也可能出错，黑马随时可能杀出！

扑克记忆和数字记忆比较相似，首先是要对其进行编码。我们先来对花色进行编码，观察一下四个花色就知道，它们是有顺序的，黑桃上面是一个尖的，代表1；红桃上面是两边对称，代表2；梅花则是有三瓣，代表3；方块是有四个角，代表4。

接下来，我们分别将花色和数字配对，花色作为十位数，数字作为个位数，比如黑桃A就是11，黑桃5就是15，方块4就是44，红桃10就是20。这样每张牌就可以使用数字代码了。

那还有一些花牌J、Q、K如何解决呢？

可以直接用后面的数字代码来代替，比如J的话分别用51、52、53、54，Q用61、62、63、64，依此类推。还有一些人是利用人物代码，比如J用唐僧师徒四人来代表，Q用古代的四大美女来代表，K用四大天王来代表，不管用什么，一定要注意每个人物要有突出的特征，比如唐僧的禅仗，孙悟空的金箍棒，昭君弹的琵琶，西施浣纱的丝巾。我的扑克编码2021年版请在公众号“袁文魁”回复“扑克编码2021”获取。

已经定义了代码之后，接下来要熟悉代码。在最开始练习时，我先是练习自己看到牌后快速说出数字的能力，比如方块4就是44，通过一两个小时，就可以很快熟悉了，接下来就开始练习看到扑克直接反应代码图像，这就是我们所说的“读牌”。将一些不熟悉的牌单独挑出来再读，直到所有的牌都能比较快读完。

正式读牌时我们左手拿牌，左手的大拇指依次把牌推到右手，一张张推过去直到所有的牌推完为止，在推的时候幅度不要太大，只要保证看到下一张牌的左上角即可，推的时候保证匀速，大家在公众号“袁文魁”（ID：yuanwenkui1985）下方对话框回复“PK”，可以通过我的助理获得扑克教学视频。读牌和读数一样，每次记录成绩，当可以 30 秒读完时就不用再练读牌。练习联结时可以两张牌一起推，推过去的时候瞬间完成联结，大量的联结训练对记忆帮助很大，我当初练了两个月就可以 30 秒内完成联结。一副扑克牌因为每张牌都是唯一的，练习完联结还可以看着第一张牌回想第二张牌，看着第三张牌回想第四张牌，依此类推。

刚开始训练可以从 20 张牌开始，保证一次性全对，然后增加到 40 张，直到一副牌全对。一般来说，我们记扑克牌只看一遍。

接下来我们简单举例来讲讲如何记忆，先看看图中的四张牌的代码，梅花 6 是 36 山鹿，方片 8 是 48 丝瓜，黑桃 2 是 12 椅儿，红桃 4 是 24 闹钟，我们一般也是采取地点桩来记忆，假设第一个地点是桌子，我们想像桌子上面有一只山鹿用鹿角去顶石板，石板的碎石砸坏了桌子，桌子上破了很多洞；第二个地点是窗台，我用手举起椅儿砸向窗台上的闹钟，闹钟里面的零件四处飞散。这样，我们只需要 26 个地点，就可以将一副扑克牌全部记忆下来。

当然也有学生会问我，可不可以一个地点一张扑克牌呢？这也是可以的，只是需要更多的地点，而且速度会稍微慢一些。那可不可以一个地点三张扑克呢？这当然也行，1 小时记忆扑克牌的纪录保持者英国选手本·普里德默尔就是如此，我也曾经有一段时间尝试过，但还是改回到两张扑克牌。还有选手会问："老师，可以用故事法来记扑克吗？"当然也可以，比赛没有限制你的方法，只看你的结果，不过故事法一般是年龄较小的选手采用得较多，如果有目标要参加1小时扑克项目获得"世界记忆大师"，还是用地点定桩较为合适。

从5分钟到3分钟是比较快的，2011年获得"世界记忆大师"称号的袁梦仅花了两个星期就达到了这个成绩。从2分钟到1分钟，从1分钟到40秒，这里面所需要的时间可能就越来越多了，到30秒左右时，前进1秒都是很困难的，都是对自我的一种超越。

平时训练的时候，可以使用答题纸答题，比赛时是要摆牌，具体形式请看看教学视频，答题完毕后核对答案，然后进行总结，方式和快速数字一样。当我们练习达到高手级别时，可以挑战记忆4副牌，可以记完之后再复习一遍，以后再增加到8副、12副甚至更多，最终看看1小时可以记忆多少副，达到14副以上可以达到记忆大师另一个标准，目前世界纪录是2530张。马拉松扑克相对较难，有一些细节的技巧，在本书中就不深入展开。

这里提供一个参考的水平：

普通级：5分钟记忆一副扑克牌

达人级：2分钟记忆一副扑克牌

高手级：1分钟记忆一副扑克牌

大师级：30秒记忆一副扑克牌

冠军级：12秒记忆一副扑克牌

# 第三节
## 随机词汇

《最强大脑》第一季中的“汉字女英雄”胡小玲，能够在 4 分多钟记忆 40 个长短不一的词语，比如，吹牛老爹、灭绝师太、东非大裂谷、此事古难全等，然后根据所记住的词语盲填空白填字格，她的绝技也赢得不少赞誉！

胡小玲挑战成功源于她多年参加世界记忆力锦标赛，其中一个项目就是随机词汇，这个项目要求在 15 分钟记忆尽可能多的词汇（各国选手用自己国家的语言），一竖排有 20 个词汇，错一个扣一半的分，错两个及以上就是零分，目前世界纪录是由巴斯斯坦选手在 2020 年创造的 410 个。

世界记忆力锦标赛的词汇试题有什么特点呢？一是形象的词比较多，有些词语特别简单，比如小刀、桌子之类的；二是外国特色的东西比较多，因为是外国人出的题翻译成中文，外国的动物、植物、生活用品、地名等居多；三是有少量的形容词和动词。四是因为翻译的问题，有些词语可能翻译得和汉语习惯不一样，它怎么写你就要怎么写。

那怎么来记忆呢？其实方法没有限制，因为比赛只需要结果，没有人要知道你的过程。你可以编故事来记，可以死记硬背，可以用数字做桩子来记忆，当然大多数选手还是用地点桩，一般是一个地点放两个词。我们先来看看下面的试题：

一般来说，我们是将词语转化成的图像放在地点上面，两个

| | | | | |
|---|---|---|---|---|
| 1. 板兰 | 21. 蒲公英 | 41. 奶牛 | 61. 领袖 | 81. 插座 |
| 2. 愿望 | 22. 椰茸 | 42. 加饭酒 | 62. 笼罩 | 82. 纠纷 |
| 3. 雪利酒 | 23. 玉米棒子 | 43. 万年青 | 63. 抹香鲸 | 83. 马驹 |
| 4. 玛芬 | 24. 旅馆 | 44. 孜然芹 | 64. 主席 | 84. 变叶木 |
| 5. 腐化 | 25. 枣泥 | 45. 描图纸 | 65. 接线板 | 85. 巴黎 |
| 6. 实践 | 26. 条约 | 46. 花生 | 66. 卢森堡 | 86. 岩石 |
| 7. 凉鞋 | 27. 电炸锅 | 47. 热泪 | 67. 紫苏 | 87. 鸬鹚 |
| 8. 王蛇 | 28. 邮递员 | 48. 攻破 | 68. 毛巾环 | 88. 混乱 |
| 9. 黄瓜 | 29. 金刚 | 49. 胸针 | 69. 美好 | 89. 职员 |
| 10. 意象派 | 30. 冷饮 | 50. 莴苣 | 70. 性格 | 90. 照相馆 |
| 11. 熊 | 31. 甘蓝 | 51. 喷头 | 71. 参议员 | 91. 束缚 |
| 12. 棉被 | 32. 密西西比 | 52. 叛徒 | 72. 苦杏仁 | 92. 步伐 |
| 13. 当晚 | 33. 领角鸮 | 53. 荧光 | 73. 种猪 | 93. 波兰 |
| 14. 左派 | 34. 门锁 | 54. 资格证 | 74. 缝纫机 | 94. 牙膏 |
| 15. 消息 | 35. 弹簧床 | 55. 中环广场 | 75. 充电器 | 95. 水杯 |
| 16. 大英博物馆 | 36. 负罪者 | 56. 吃惊 | 76. 甜瓜 | 96. 东方狐 |
| 17. 国旗 | 37. 蟒蛇 | 57. 充实 | 77. 牛至 | 97. 运河 |
| 18. 水蟒 | 38. 雕刻匠 | 58. 节能灯 | 78. 对立 | 98. 策略 |
| 19. 羚羊 | 39. 豚鼠 | 59. 榨菜 | 79. 运动员 | 99. 杀害 |
| 20. 启发 | 40. 椰子汁 | 60. 太平洋 | 80. 百万富翁 | 100. 宝座 |

图像之间发生一定的关系，比如砸、压、泼、打等，下面举一些例子来看看。

由“板兰”想到了“板兰根”，如果没喝过，可以想着木板上长出的兰花，“愿望”可以联想到生日蛋糕，板兰根撒在生日蛋糕上。

“雪利酒”，没见过？就想到雪梨吧，特别注意一下“利”，喝了对身体很有利，“玛芬”是一种面包，又没见过？“玛”我会想到超级玛丽，“芬”可以想到芬达，雪梨从天而降，砸到了正在喝芬达的超级玛丽。

“腐化”想到腐竹化了，“实践”可以谐音想到石头做的剑，腐竹融化在石剑上面。

接下来分享一些比较抽象的词语，“启发”可以想用启子扎头发，或者启动发动机。有些词用关键字就行了，比如“卢森堡”，可以提取“卢”想到火炉，如果担心由这个想不到“卢森堡”，可以再想一个“堡”，变成炉子上正煮着煲。还有些词很容易出图却不容易还原，比如“职员”，想到一个小白领的图像很简单，但可能会写成“员工”之类的，特别强化一下他的职业装就 OK 了。“消息”可以想到手机短信，但也容易写成“短信”，我会加个报纸的图像或是消防栓的图像作为提醒。

有的时候，两个词语都比较复杂，本身自己就可以转化成很多图像，这时两个词语的图像也可以不发生联结，一个放在地点左边，一个放在右边。还有些词语会卡壳，想不出来如何想象图像，我们可以直接将文字放在上面，让它变成立体、发光、粗体、有颜色的艺术字体。

记词语我们一般要复习两遍，刚开始训练时我是很少量就复习一次，比如 40 个，后来是以 60 个为单位，记完 60 个先复习一遍，再记后面 60 个再复习一遍，再记 60 个再来一个总复习。复习时主要是快速回想图像，然后把那些难写的字强化，也可以用笔做一下记号。最后还有一分钟时可以快速抢记或是扫一下刚才做过记号的，记不住的死记住也行。

如果想要这一项目的成绩比较好，还有些基本功需要积累，对于常见的外国食物、动植物等要找到图像来记忆，这样下次再遇见时就可以直接出图，不需要再去转化。

这个项目给大家如下参考的成绩：

入门级：15 分钟记忆 30 个词语

普通级：15 分钟记忆 60 个词语

达人级：15 分钟记忆 120 个词语

高手级：15 分钟记忆 160 个词语

大师级：15 分钟记忆 200 个词语

冠军级：15 分钟记忆 300 个词语

关于世界记忆力锦标赛的其他 7 个项目，限于篇幅不多讲解，有志于成为“世界记忆大师”以及打破世界记忆纪录的你，可以关注公众号“世界脑力锦标赛”了解比赛报名信息。欢迎关注我们的公众号“文魁大脑”，参加世界记忆大师训练营进行集训，并通过学习和努力加入我在 2015 年重新打造的战队：文魁大脑国际战队。让我们一起为国家赢得荣誉，为自己赢得自信，最关键的是，通过比赛的激励让自己成为记忆高手！也许下一个世界记忆冠军就是你，快开始打造属于你的“最强大脑”吧！为大脑赋能，让生命绽放！

# 记忆魔法师数字编码表2020版

00 望远镜

01 灵药（灵芝）

02 铃儿

03 三脚凳

04 零食（瓜子）

05 手套

06 手枪

07 锄头

08 溜冰鞋

09 猫

10 棒球

11 梯子

12 椅儿

13 医生

14 钥匙

15 鹦鹉

16 石榴

17 仪器（酒精灯）

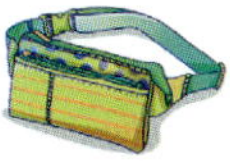
18 腰包

19 衣钩

20 按铃

21 鳄鱼

22 双胞胎

23 和尚

24 闹钟

25 二胡

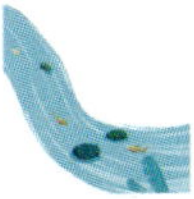
26 河流

27 耳机

28 恶霸（强盗）

29 恶囚

30 三轮车

31 鲨鱼

32 扇儿

33 闪闪红星

34 三丝

35 山虎

36 山鹿

37 山鸡

38 妇女

39 三角尺

40 司令

41 蜥蜴

42 柿儿

43 石山

44 蛇

45 师傅（唐僧）

46 饲料

47 司机

48 丝瓜

49 湿狗

50 奥运五环

51 工人

52 鼓儿

53 武松

54 巫师

55 火车

56 蜗牛

57 武器（坦克）

58 尾巴（松鼠）

59 蜈蚣

60 榴莲

61 儿童

62 牛儿

63 流沙（沙漏）

64 螺丝

65 尿壶

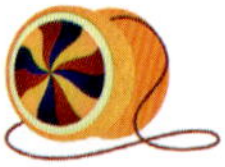

66 溜溜球

67 油漆刷

68 喇叭

69 料酒

70 冰激凌

71 机翼（飞机）

72 企鹅

73 花旗参

74 骑士

75 起舞（舞者）

76 汽油桶

77 机器人

78 青蛙

79 气球

80 巴黎铁塔

81 白蚁

82 靶儿

83 芭蕉扇

84 巴士

85 宝物（元宝）

86 背篓

87 白旗

88 爸爸

89 芭蕉

90 酒瓶

91 球衣

92 球儿

93 旧伞

94 教师

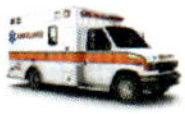
95 救护车

96 旧炉

97 酒器

98 球拍

99 脚脚

0 游泳圈

1 蜡烛

2 鹅

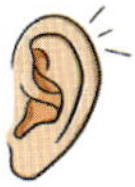
3 耳朵

4 帆船

5 秤钩

6 勺子

7 镰刀

8 眼镜

9 口哨

# 记忆魔法师字母代码表

Aa 苹果

Bb 笔

Cc 月亮

Dd 弟弟

Ee 鹅

Ff 斧头

Gg 哥哥

Hh 椅子

Ii 蜡烛

Jj 钩子

Kk 机枪

Ll 棍子

Mm 麦当劳

Nn 门

Oo 鸡蛋

Pp 皮鞋

Qq 气球

Rr 小草

Ss 蛇

Tt 伞

Uu 水杯

Vv 漏斗

Ww 皇冠

Xx 剪刀

Yy 衣撑

Zz 闪电

·浑欲不胜簪
·白头搔更短
·家书抵万金
=10000
·国破山河在
3个月
·烽火连三月
春
城春草木深
长安城
·感时花溅泪
·恨别鸟惊心


111 页插图　杨子悦 绘

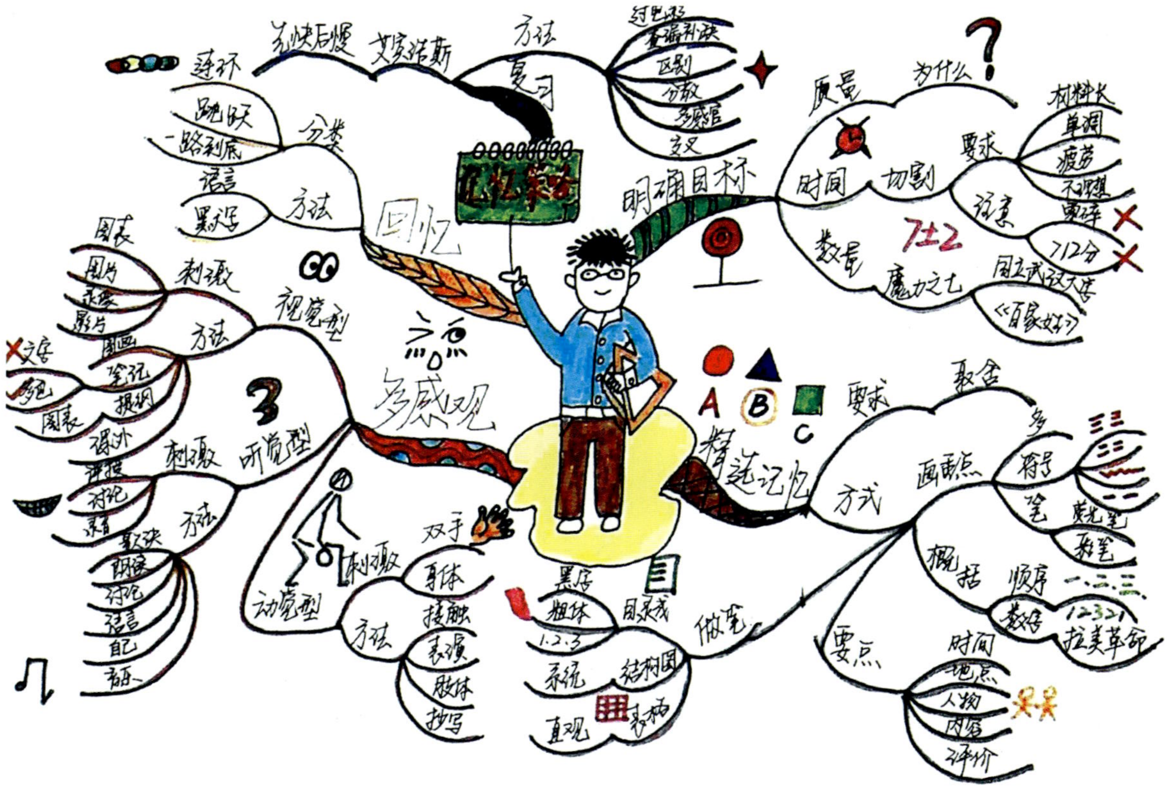

记忆策略
明确目标
时间
数量
质量
为什么
切割
要求
注意
7±2
魔力之七
回忆
复习
方法
艾宾浩斯
先快后慢
连环
分类
跳跃
一路到底
语言
默写
多感观
视觉型
听觉型
动觉型
刺激
双手
身体
接触
表演
肢体
抄写
精选记忆
要求
取舍
方式
画重点
符号
笔
荧光笔
彩笔
概括
顺序
一、二、三
1.2.3
数字
拉美革命
要点
时间
地点
人物
内容
评价
做笔
黑字
粗体
系统
结构图
直观
表格

113 页插图　崔茹萍 绘

庖丁解牛
准备
环境
安静
草稿
构思
通读
书籍
文章
关键词
不钻
画线
彩色
迷你导图
one word
整合
读书笔记
图像
彩色
3+
适中
五官
感受
重点
想法
表达
3点
字
破
鼠入
纸
水平
横放
部局
规则
线条
流动
不
僵硬
颜色
场合
慎用
明黄色
一致
从粗
到细
语言
特点
不是
逐字
编码
图像
理解
记忆
关键词
个人
目的
清楚
回忆
概括
逻辑
思维
简化
魔力之七
评价
他人
要
突出
重点
层次
分明
文字
清晰
从左
往右
不
旋转
自我
中心图
适中
文魁大脑思维导图武林计划
NO.6《袁老师与玉印老师导图课课堂笔记》
马世超 2016.3.13

133 页插图　马世超 绘

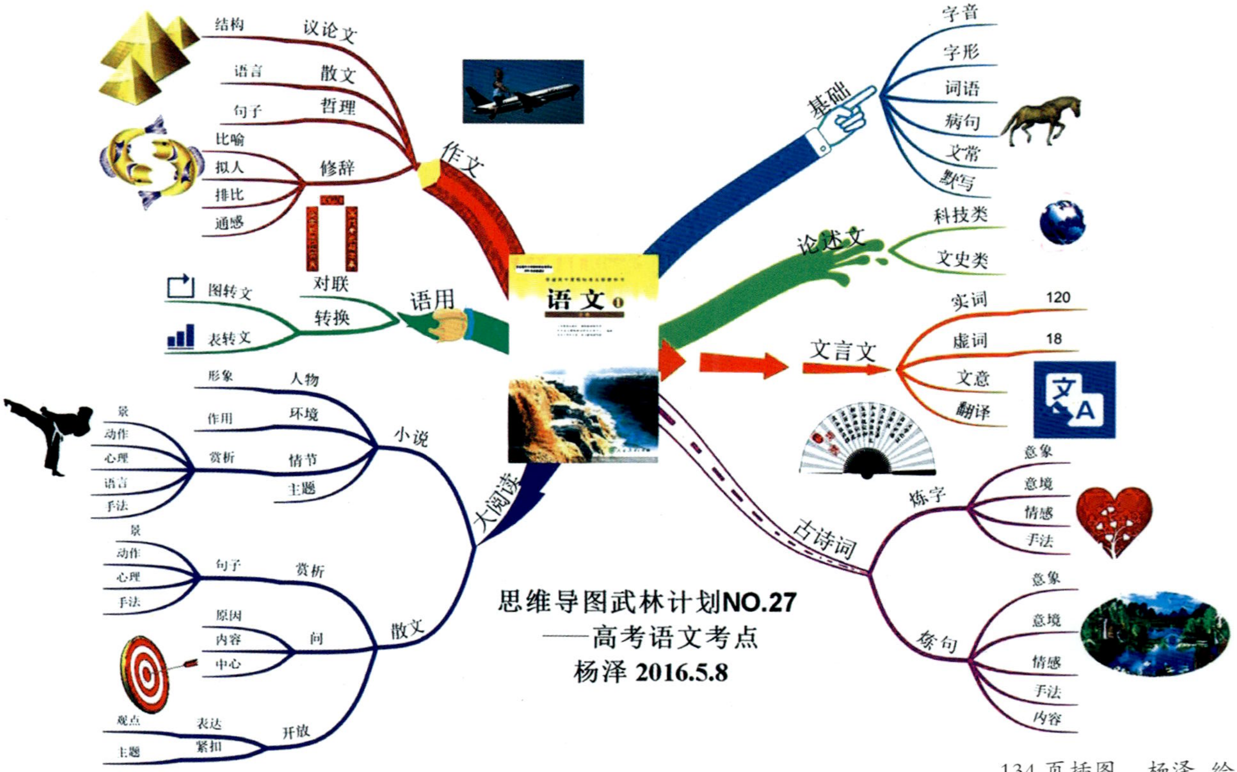
思维导图武林计划NO.27
——高考语文考点
杨泽 2016.5.8
语文
基础
字音
字形
词语
病句
文常
默写
论述文
科技类
文史类
文言文
实词
120
虚词
18
文意
翻译
古诗词
炼字
意象
意境
情感
手法
炼句
意象
意境
情感
手法
内容
作文
议论文
结构
散文
语言
哲理
句子
修辞
比喻
拟人
排比
通感
语用
对联
转换
图转文
表转文
大阅读
小说
人物
形象
环境
作用
情节
赏析
景
动作
心理
语言
手法
主题
散文
赏析
句子
景
动作
心理
手法
问
原因
内容
中心
开放
表达
观点
紧扣
主题

134 页插图　杨泽 绘

袁文魁
简介
姓名
袁文魁
学校
武汉大学
公司
文魁大脑
职业
记忆教练
梦想
技术
脑力
普及
可能性
生命
探索
和平
世界
促进
事业
记忆法
2008年
记忆大师
选手
教练
培养
最强大脑
脑王
记忆赛
总冠军
作家
兴趣
阅读
心理
脑力
摄影
花卉
樱花
荷花
梅花
冥想

135 页插图　刘丽琮 绘

175 页插图　吕柯姣 绘

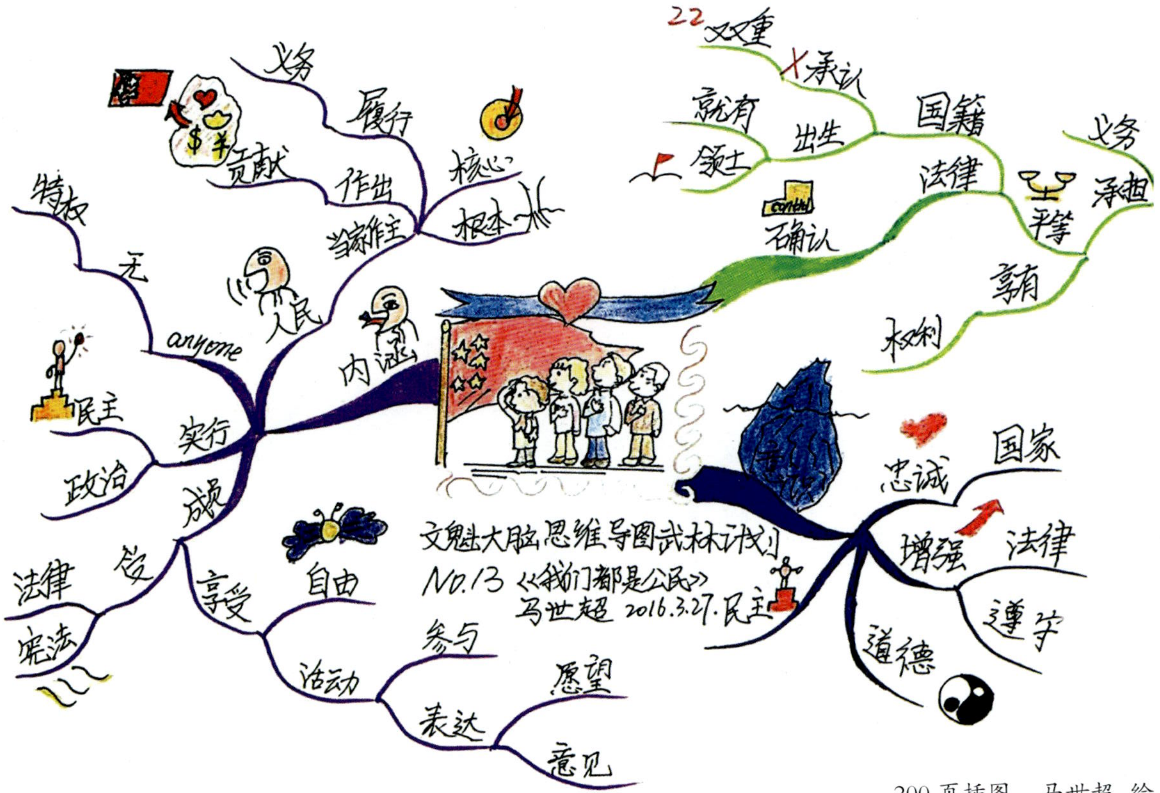
文魁大脑思维导图武林计划
No.13 《我们都是公民》
马世超 2016.3.27.民主
内涵
人民
当家作主
作出
贡献
履行
义务
核心
根本
特权
无
anyone
实行
民主
政治
成员
享受
自由
活动
参与
表达
愿望
意见
受
法律
宪法
确认
法律
国籍
出生
领土
就有
承认
双重
享有
权利
平等
承担
义务
忠诚
国家
增强
法律
遵守
道德

200 页插图　马世超 绘

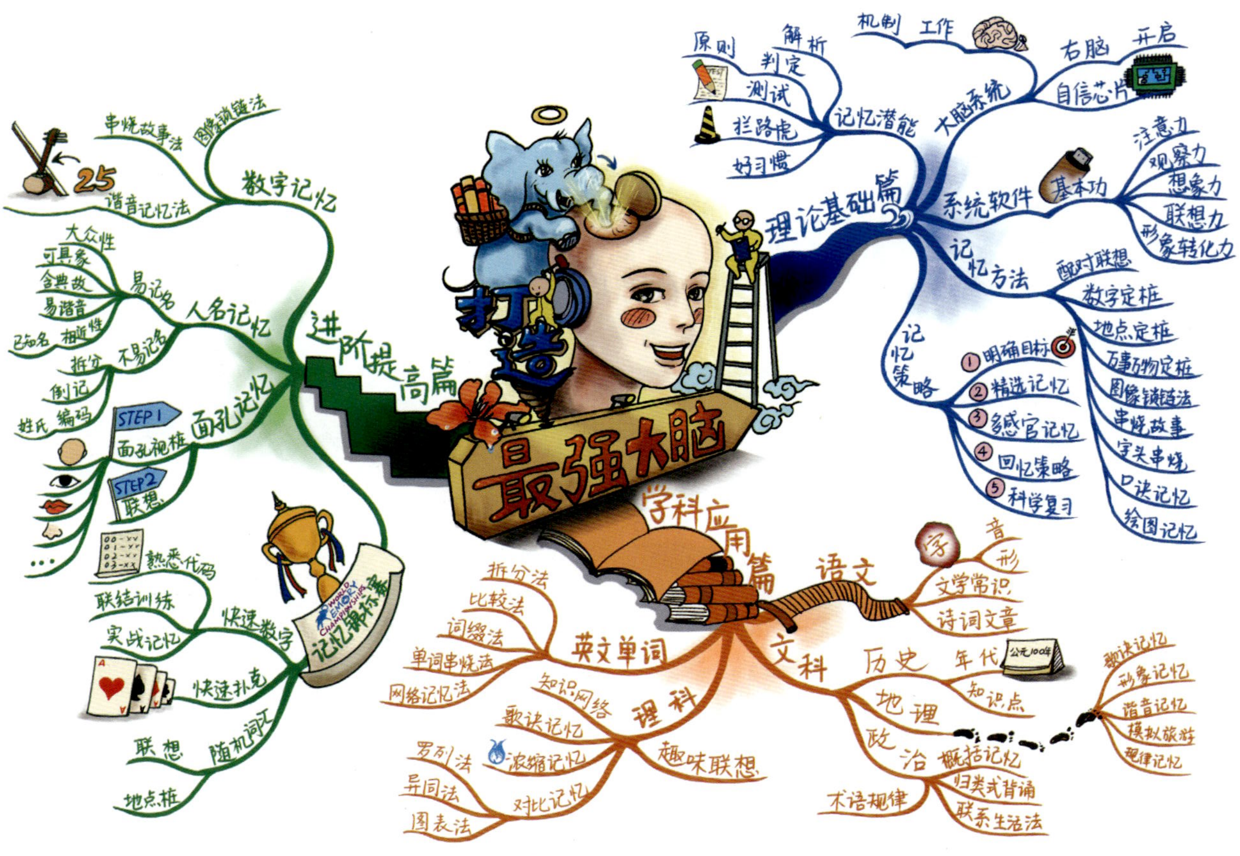


《打造最强大脑》全书思维导图

文魁大脑导图战队成员、世界思维导图精英挑战赛总冠军 李幸漪 绘